LAÏQUE DE LA JEUNESSE

VOYAGE A LA DÉCOUVERTE

DANS

L'AFRIQUE AUSTRALE

PAR

PEDRO RIOUX-MAILLOU

Ouvrage illustré de 12 vignettes et d'une carte

DESSINÉES PAR

E. RENÉ MÉNARD

PARIS
LIBRAIRIE D'ÉDUCATION LAÏQUE
1 *bis*, RUE HAUTEFEUILLE

PUBLICATIONS NOUVELLES

LA LIBRAIRIE D'ÉDUCATION LAÏQUE

Bibliothèques laïques de l'Enfance et de la Jeunesse

SÉRIE IN-32 CARRÉ A 0,15

Contes Familiers, par L. C[illegible], avec frontispice, 1 vol. br[illegible].

Nouveaux Contes familiers, par L. C[illegible], avec frontispice, 1 vol. broché.

Miettes Zoologiques, [illegible] vol., avec frontispice, vignettes [illegible]

Le [illegible], 1 v[illegible].
Le [illegible], 1 v[illegible].
Les [illegible], 1 vol. [illegible]
Le [illegible], 1 vol. [illegible]

Histoires enfantines, 1 vol. [illegible] illustré, par Denis.

PETITE SÉRIE IN-18 RAISIN A 0,30

Les Contes de Lucette, par M[illegible] J. V[illegible], 8 vignettes, par R[illegible] Ménard, 1 vol. broché.

Blondin, Blondine et Blondinet, par E. G[illegible], de la Société des gens de lettres, illustré par Denis, 1 vol.

PETITE SÉRIE IN-18 JÉSUS A 0,40

Swanilda, par A. [illegible], illustrations par G[illegible].

Une journée chez le Grand-Papa, par M[illegible] J. V[illegible], illustré par E. R[illegible] Ménard.

SÉRIE IN-18 JÉSUS A 0,80

Le numéro Treize, par E. G[illegible], de la Société des gens de lettres, illustrations de Denis.

Le petit Cousin Charles, par M[illegible] J. V[illegible], 9 vignettes par Denis, 1 vol. broché.

[illegible]

VOYAGE A LA DÉCOUVERTE

DANS

L'AFRIQUE AUSTRALE

VERSAILLES
IMPRIMERIE CERF ET FILS
RUE DUPLESSIS, 59

Guerriers Cafres. (Page 138.)

BIBLIOTHÈQUE LAÏQUE DE LA JEUNESSE

VOYAGE A LA DÉCOUVERTE

DANS

L'AFRIQUE AUSTRALE

PAR

PEDRO RIOUX-MAILLOU

Ouvrage illustré de 12 vignettes et d'une carte

DESSINÉES PAR

E. RENÉ MÉNARD

PARIS

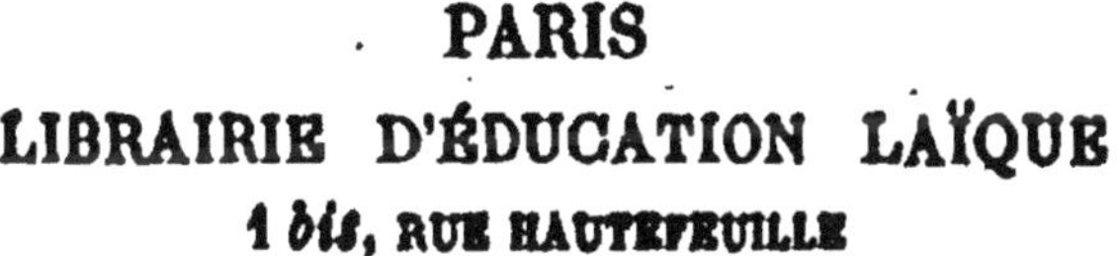

LIBRAIRIE D'ÉDUCATION LAÏQUE

1 *bis*, RUE HAUTEFEUILLE

VOYAGE A LA DÉCOUVERTE

DANS

L'AFRIQUE AUSTRALE

CHAPITRE PREMIER

QUELQUES MOTS SUR L'ATTRAIT ET L'UTILITÉ DES VOYAGES. — NOTRE MANIÈRE DE VOYAGER. — ÉMOTIONS SANS DANGERS. — LES VOYAGES SONT UNE PARTIE IMPORTANTE DE L'ÉDUCATION. — EN ROUTE POUR LE CAP DE BONNE-ESPÉRANCE. — UN PARAGRAPHE DE GÉOGRAPHIE PURE. — LE GUIDE QUE NOUS SUIVRONS PRESQUE CONSTAMMENT. — DAVID LIVINGSTONE, SA FAMILLE, SA JEUNESSE STUDIEUSE. — IL EST L'ENFANT DE SES ŒUVRES. — LA VILLE DU CAP. — OPINIONS DE MADAME IDA PFEIFFER. — LA NOTRE. — LA COLONIE. — NOS MOYENS DE LOCOMOTION. — FERME DE BOERS. — ESPOIR DÉÇU. — L'AVIS DE NOS CONDUCTEURS. — RENCONTRE DE TROUPEAUX. — CULTIVATEURS ET BERGERS. — LA VIGNE AU CAP. — PLAINES DU WELD. — LES MONTAGNES NOIRES. — NOUS TRAVERSONS UNE RIVIÈRE. — CALVINISTES FRANÇAIS ET HOLLANDAIS. — MARCHE VERS LES MINES DE DIAMANTS. — VICTORIA. — HOPE-TOWN. — PASSAGE DU FLEUVE ORANGE.

L'Afrique est, de toutes les parties du

monde, celle que nous connaissons le moins, celle dont notre imagination s'empare le plus volontiers pour donner un cadre à ses rêves. Eh bien! lorsqu'il s'agit de ce continent si nouveau, si bizarre pour nous, il y a quelque chose qui dépasse de beaucoup les caprices de notre esprit, c'est la réalité elle-même, la réalité, que nous permettent de serrer de plus près chaque jour les hardis voyageurs, les savants intrépides qui vont, au péril de leur existence, demander son secret à la contrée inconnue, qui semble narguer la soif d'apprendre qui caractérise le monde moderne.

Quelle est la jeune imagination qui n'a pas eu, à un moment donné, l'envie de parcourir les pays à peine entrevus que le seul mot d'Afrique fait courir devant nos yeux? Quel est l'adolescent qui n'a pas rêvé un instant de suivre, dans ses expéditions, quelque explorateur de ce continent si différent du nôtre?

Le voyage tant désiré, pourquoi ne pas le faire? Pourquoi ne demanderions-nous pas aux explorateurs qui nous ont précédés de nous montrer le chemin? Pourquoi ne nous attacherions-nous pas à leurs pas? Enfonçons-nous au sein des gorges rocheuses, des plaines, des déserts, des forêts, des marais, des bassins où coulent des fleuves énormes, que leurs récits ont fait revivre pour nous. Refaisons avec eux leurs voyages. Nous éprouverons toutes leurs joies et toutes leurs peines sans quitter notre fauteuil. Nous aurons les émotions d'une marche à la découverte sans courir les dangers qu'elle comporte. Nos guides ne se plaindront pas du rôle que nous leur aurons fait jouer. C'est un peu pour nous permettre le voyage que nous allons entreprendre qu'ils ont fait les leurs. A chacun selon ses forces. Aux hommes courageux, les périls, les grandes actions; aux jeunes générations, on ne peut demander que de l'admiration pour les aînés et le désir de les imiter.

Donc, c'est entendu, faisons nos malles, et en route. Un grand esprit du dernier siècle a écrit que les voyages sont une partie indispensable de l'éducation. Ils sont aussi instructifs qu'attrayants. Ils joignent aux qualités scientifiques que doivent toujours rechercher les esprits sérieux, une qualité maîtresse qui prête à tout son intérêt, une qualité qui résume tout l'art permis à une œuvre digne de l'esprit positif de notre époque, une qualité dont notre grand historien Michelot fait le pivot de sa philosophie : la vie. Exact, vivant et plein d'enseignements : nous croyons que l'on ne peut pas demander autre chose à un ouvrage de récréation instructive.

Les malles sont faites? Embarquons-nous, et en route pour le cap de Bonne-Espérance; en route et bon vent.

L'Afrique australe, que nous allons parcourir à la suite des voyageurs qui l'ont explorée, présente un relief du sol bien caractéristique, dont la description, faite en peu de mots, nous fixera dans l'esprit la forme physique et la situation relative des contrées si nombreuses et si diverses qu'il nous faudra traverser.

Le centre de l'Afrique australe a été comparé, avec beaucoup de raison, soit à une assiette renversée, soit à un chapeau de feutre dont la forme aurait été légèrement déprimée et les bords bossués. En effet, le cœur de cette contrée offre un ensemble de régions basses et humides, si on les considère par rapport aux chaînes montagneuses qui leur forment comme une ceinture en courant à une faible distance des côtes où en séparant l'Afrique du Sud du Grand plateau central. « La structure en forme de bassin, dit Roderick Murchison, est le principal trait de la conformation de l'Afrique australe. » Les monts qui se dressent à l'Ouest, au Sud et à l'Est, le long de la mer, se déchirent ou s'abaissent quelquefois pour livrer passage aux eaux qui, ainsi que celles du Zambèze ou de l'Orange, par exemple, ne vont pas se concentrer en lacs et en marais dans les parties les plus basses de la dépression centrale. Là où le bourrelet montagneux a son développement normal, il présente tantôt des pentes douces, tantôt des terrasses étagées, comme au Nord de la ville du Cap, tantôt des versants à pic.

Tel est, dans ses grandes lignes, le relief des contrées au sein desquelles nous allons maintenant pénétrer, en prenant pour point de départ le cap de Bonne-Espérance.

Le voyageur qui va nous guider presque continuellement a une si énorme importance, lorsqu'il s'agit de l'Afrique australe, qu'il est impossible, à l'heure qu'il est, de séparer son nom de celui des terres immenses qu'il a révélées au monde savant : ce nom c'est celui de David Livingstone. Quelques lignes de biographie nous feront voir à quel homme nous avons à faire et nous inspireront la confiance illimitée qu'il est indispensable d'avoir en son guide, quand on affronte un monde inconnu.

David Livingstone appartient à une famille où l'honneur est considéré comme le plus précieux héritage qu'un père puisse laisser à ses enfants. Une anecdote, racontée par le célèbre voyageur, nous peint d'un trait le noble caractère de cette famille. « Un de mes ancêtres, dit-il, lorsqu'il fut à sa dernière heure, rassembla tous ses enfants et leur dit : « J'ai, pendant ma vie, recherché avec
» le plus grand soin toutes les traditions qui
» se rattachent à notre famille, et je n'ai ja-

» mais découvert que, parmi nos pères, il y
» ait eu un malhonnête homme. Si donc, un
» jour, quelqu'un d'entre vous ou l'un de
» vos descendants venait à faire quelque
» mauvaise action, cela ne serait pas parce
» que le germe en était dans son sang, et ses
» torts n'appartiendraient pas à la famille.
» Soyez honnêtes, c'est le précepte que je
» lègue. »

David Livingstone était digne d'un pareil legs.

Le grand-père de l'explorateur de l'Afrique australe était fermier dans l'île d'Ulva, une des Hébrides. Comme ses enfants augmentaient dans de certaines proportions et que sa terre ne se développait pas dans les mêmes, il fut forcé de venir se fixer près de Glascow et de prendre un emploi dans une filature où son fils, le père de David, entra aussi.

A l'âge de dix ans, le jeune David fut attaché à la manufacture en qualité de rattacheur. Voilà son point de départ. Il est au plus haut degré le fils de ses œuvres. Il doit tout aux livres ; il s'en vante et il a raison de s'en vanter. C'est une lecture opiniâtre qui lui a permis de devenir un homme illustre et utile à l'humanité. Il dévorait tous les ouvrages sérieux, en rapport avec son esprit positif, qui lui tombaient sous la main. Il lisait tout en travaillant, un volume placé sur son métier ; il lisait la nuit jusqu'au moment où sa mère venait lui enlever ses livres des mains. Il trouvait encore le moyen de suivre des cours. Quand il eut quelques économies devant lui, il alla passer un hiver à Glascow pour poursuivre ses études médicales. Il étudiait avec ardeur la botanique et la géologie, deux sciences qui devaient lui être si utiles pour ses voyages. Enfin, il se fit recevoir docteur en médecine. Il avait terminé son apprentissage, il pouvait maintenant aller conquérir sa place parmi les hommes utiles : il partit pour l'Afrique et vint aborder à la ville du Cap. De là, il se dirigea vers l'intérieur du pays ; nous marcherons souvent sur ses traces.

Nous sommes arrivés en vue du Cap, si nous en croyons nos marins, car, nous autres passagers, qui n'avons pas la vue aiguisée par l'habitude de sonder sans cesse l'horizon du regard, nous n'apercevons encore absolument rien, malgré une bonne volonté surexcitée en raison du carré de la distance que nous venons de parcourir depuis notre départ de France.

Nous n'avons rien eu d'important à signaler jusqu'à ce jour. Notre traversée a été banale, longue et ennuyeuse. Ennuyeuse surtout par sa longueur, et, comme cela arrive généralement, paraissant d'autant plus longue qu'elle était ennuyeuse. En se servant de ces deux facteurs, on peut parvenir à se faire une idée assez satisfaisante de la notion d'éternité, conception cependant peu claire en elle-même.

Nos marins ne s'étaient pas trompés. Nous apercevons maintenant un point noir à l'horizon. Ce point grandit, s'allonge surtout à la surface de l'eau. Des taches bizarres, qui doivent être des montagnes, se découpent sur le ciel. Les lignes du paysage se précisent de plus en plus. Quelques notes de couleurs s'affirment. Des ombres espacées sur le flanc des monts indiquent des gorges et des vallées. Un arbre ! Une maison, deux maisons, trois maisons !

Saluons la terre d'Afrique.

Madame Ida Pfeiffer nous rend en ces termes l'impression produite sur elle par la ville du Cap de Bonne-Espérance et les campagnes qui lui servent de cadre : « La ville du Cap me faisait l'effet d'un village (depuis la visite de l'illustre voyageuse, le village s'est beaucoup accru, mais la sensation est restée proportionnellement la même ; on se dit que l'on a affaire à un énorme village, voilà tout). Sa situation me rappelait beaucoup celle de Valparaiso. A l'instar de celle-ci, elle est bornée d'une chaîne de montagnes pelées et sans arbres, où l'on ne découvre que de loin en loin quelque rare verdure. Les points principaux de cette chaîne sont la montagne de la Table, celle du Lion et la montagne du Diable. Du pont du vaisseau, j'aperçus un seul petit arbre rabougri et quelques rares prairies, et cependant nous étions en hiver, époque où les montagnes et les vallées brillent de leur plus belle parure. Que doit-ce être en été, quand les rayons du soleil ardents et dardés perpendiculairement brûlent et consument tout ! »

Ce que ce doit être ! J'ai bien peur que nous n'ayons bientôt plus aucune incertitude à ce sujet. Nous n'avons pas le bonheur de débarquer en hiver comme notre devancière. C'est l'été qui nous attend sur ce rivage desséché.

Mais, nous dira-t-on, pourquoi avez-vous été justement choisir l'été pour votre voyage ?

Notre réponse est bien simple. Les marches en zig-zag et à la découverte que nous avons l'intention de faire dans l'intérieur du continent africain auront forcément une durée de plusieurs mois ; plus nous avancerons vers l'équateur, plus nous aurons à redouter les effets de la chaleur ; donc si nous avions eu la maladresse d'arriver au Cap l'hiver, nous serions arrivés en plein été sur les bords du lac Ngami, ce que nous ne souhaitons même pas à notre plus cruel ennemi. Nous n'avons pas voulu, comme dit un adage populaire, *manger notre pain blanc le premier*. La qualité la plus indispensable au voyageur, c'est la prévoyance.

Et voilà pourquoi nous n'apercevons pas

les quelques malheureuses prairies dont a parlé Madame Ida Pfeiffer. N'ayant pas, comme nous, de bonnes raisons pour le faire, elles ne se montrent au Cap que l'hiver.

Nous sommes donc tout ce qu'il y a de plus à même de constater que le tableau que nous venons d'emprunter au *Voyage d'une femme autour du monde*, pour n'être pas flatteur, n'en est pas moins vrai.

Cette considération nous engage à marcher encore un peu sous la direction de notre cicérone pour pénétrer dans la ville. « Les rues, dit-il, qui conduisent toutes à la grève, sont très larges et bien aérées, mais ne sont plus guère bordées d'arbres. Du temps de la domination hollandaise, chaque rue, dit-on, était garnie d'une belle allée. Les maisons, d'ailleurs toutes construites à l'européenne, n'ont que des terrasses en guise de toits. Le fort est muni de beaucoup de canons, la caserne est assez grande ; la Bourse, sur la place d'Armes, édifice long et de peu d'apparence, se compose seulement d'un rez-de-chaussée. Les maisons particulières, toutes à un étage, ont d'ordinaire quatre à six fenêtres de front et contiennent de belles chambres fort élevées. Le jardin Botanique est loin d'avoir tous les arbustes, toutes les plantes et les fleurs qu'on serait en droit de s'attendre à trouver dans ces régions.»

On voit que Madame Pfeiffer, qui a habité un mois la ville du Cap, pendant un de ses curieux voyages, ne s'en montre que médiocrement enthousiasmée.

Les choses ont changé, nous avons déjà eu lieu de le constater, depuis son passage dans la capitale de la colonie. Elle ne trouverait plus à cette ville cet air de cité de quatrième ordre qu'elle nous fait sentir dans sa description. La cité a prospéré, elle est riche et tient à le montrer. Elle est riche, ses rues bien alignées et bien entretenues, ses vastes bâtisses le prouvent surabondamment. Malheureusement, le goût n'est pas venu avec la fortune, et sous ce rapport il y aurait encore beaucoup à dire. Si l'on tenait à plaider les circonstances atténuantes, on pourrait objecter que l'on a affaire à une colonie anglaise et que toutes les sœurs de celle-ci semblent lutter à qui aura le moins de goût. Ce qui nous blesse dans la physionomie de la ville du Cap est un air de famille, par conséquent, quelque chose de respectable. Respectons donc l'architecture britannique, tout en ne l'imitant pas.

Ce qui a droit à l'admiration de Madame Pfeiffer et ce qui l'a eu sans restrictions, c'est le panorama que l'on a du haut d'une terrasse quelconque des monts qui s'élèvent en gradins derrière la ville, panorama admirable qui a la mer pour horizon. De la plate-forme du mont de la Table, entre autres, la vue est de toute beauté.

La colonie du Cap s'étend au nord jusqu'au fleuve Orange. Elle est sillonnée presque partout de chaînes de montagnes échelonnées, descendant vers la mer, coupées par des gorges étroites, transformées tant bien que mal en voies de communication par les voyageurs : fermiers, bergers ou mineurs. De temps en temps, des espaces plans présentent des plateaux le plus souvent arides, gris et tristes.

Nous venons de quitter la ville du Cap, que nous n'avons fait que traverser, et nous voilà, vous, amis lecteurs, et moi votre serviteur, plus ou moins bien installés dans un immense chariot couvert d'une bâche et tiré lentement par une file interminable de bœufs. Telle sera notre demeure pendant un certain nombre de longues journées suivies de non moins longues nuits. La quantité des pauvres animaux chargés de traîner notre lourd véhicule (six ou sept paires de bœufs, et il paraît qu'à certains endroits du trajet on aura besoin de renfort) nous dit clairement que le chemin, dans lequel nous nous engageons, n'est praticable qu'au prix de prodigieux efforts. Mais comme l'Afrique australe ne brille pas précisément par le nombre de ses chemins de fer, nous sommes bien forcés de nous contenter de notre un peu trop primitif procédé de locomotion. Nous montons, nous montons indéfiniment par un semblant de route tortueuse sur le semblant de chaussée de laquelle alternent invariablement un lit de cailloux et une couche épaisse de terre jaunâtre et sablonneuse. Là où nous rencontrons des pierres, notre chariot se livre à une sorte de danse effrénée que son volume, son air posé et respectable ne permettaient pas de prévoir, et que nous sommes forcés de partager malgré nos protestations ; là où s'étend du sable, de profondes ornières nous procurent la sensation d'une tempête où le roulis semble lutter d'activité avec le tangage. Ces ornières nous font regretter les pierres. Il est vrai que, dans un instant, quand nous serons revenus aux pierres, nous ne manquerons pas d'appeler le sable à grands cris. Nous pouvons être tranquilles, nos souhaits seront sans cesse accomplis. Ce que nous devons perdre, c'est l'espoir de pouvoir échapper une minute aux cahots de l'un ou l'autre genre. Il y a cependant encore des variantes d'une autre sorte dans nos souffrances : quand nous gravissons une côte presque à pic, nous sommes rejetés en arrière comme des capucins de cartes ; quand, par le plus grand des hasards, le chemin descend momentanément, nous opérons brusquement un mouvement en sens inverse et nous saluons avec une unanimité touchante nos conducteurs, fort peu sensibles du reste à ces marques de déférence pleines de vivacité.

Plus nous avançons, plus le spectacle devient grandiose. Il semble prendre à tâche de nous faire oublier notre martyre de tous les instants ; mais il ne peut y parvenir, en dépit de sa bonne volonté, car la beauté sauvage des sites est en rapport logique avec l'importance des cahots qui finissent par nous réduire au désespoir.

— Contemple-moi dans ma splendeur, semble dire le paysage.

— Tu ne verras rien, murmure un cahot.

— Nous verrons, ne vous en déplaise, pensons-nous en nous soulevant hypocritement et en nous accrochant de toutes nos forces aux parois du char.

Nous croyons que notre petite manœuvre stratégique n'a pas été comprise. La campagne est admirable. A notre droite, le roc s'élève en falaise à une hauteur prodigieuse ; à gauche, le sol se dérobe et s'enfonce à une profondeur vertigineuse. C'est superbe !

— Vlan ! ah ! c'est superbe ! pan !

C'est un cahot formidable, et nous retombons brusquement sur les planches de la voiture. Nous nous étions laissés entraîner dans le monde du rêve : voilà celui de la réalité.

Eh bien ! je ne sais pas si vous êtes comme moi ; mais je renonce à lutter plus longtemps. Je préfère descendre du chariot et faire la route à pied jusqu'à épuisement complet de mes forces.

Une, deux !... je fais un saut qui dépasse mon effort et ma volonté : un dernier cahot, un cahot suprême, m'a aidé à sortir du lourd véhicule, un cahot d'adieu, histoire de ne pas se laisser oublier. Et je ris maintenant des sauts à droite, des sauts à gauche de la voiture qui monte péniblement devant moi.

Après seize heures de marche, nous arrivons de l'autre côté de la chaîne des hauteurs à travers lesquelles nous nous sommes engagés le matin. Il fait nuit et le plaisir de descendre enfin après cette montée éternelle, à peine interrompue par de pauvres petits plateaux, joint à la fraîcheur qui commence à tomber avec l'obscurité, nous plongent dans une allégresse sans borne. Et puis, comme un bonheur n'arrive jamais seul, nous venons d'apercevoir une petite lumière dont la lueur pâle se projette dans des broussailles.

Chariot de voyage. (Page 21.)

— Une cabane ! une cabane !

— Vous êtes sûr !

— Regardez plutôt vous-même. Tenez, là-bas, dans cette direction. Suivez mon doigt du regard.

— C'est pourtant vrai. J'avais besoin de le voir pour le croire.

— La chose n'est pourtant pas tout à fait extraordinaire, puisque nos guides nous annoncent cette cabane depuis plus de deux heures et que c'est vers elle qu'ils se dirigent pour renouveler nos provisions.

— Je ne vous dis pas, mais l'habitude du malheur m'avait rendu défiant. Quand on a franchi le chemin que nous venons de franchir, on s'imagine qu'il n'aura jamais de fin. Pourtant, je me rends à l'évidence.

Nous approchons. Nous avons faim, nous avons soif. Encore quelques pas et nos désirs vont être satisfaits.

Une ferme de *Boers* se dresse devant nous. Sa façade sombre se découpe dans la nuit.

On appelle *Boers* les anciens colons Hollandais restés au Cap sous la domination anglaise ou réfugiés au-delà de l'Orange et y ayant formé les Etats dont nous aurons à parler plus tard. Ils cultivent le sol et se livrent à l'élève des troupeaux.

Nous sommes arrivés. Il y a quelqu'un à la ferme. Un homme à la physionomie calme et grave fume tranquillement sa pipe, assis devant une table de bois. Il lit à la lueur d'une lampe fumeuse. C'est la lumière de cette lampe que nous avons aperçue du dehors.

Nous entrons puisqu'il y a quelqu'un ; mais ce qu'il n'y a pas, ce sont les provisions après lesquelles nous soupirons. La maison est vide et l'homme à la pipe semble devoir vivre de l'air du temps.

Hélas ! il nous va falloir doubler l'étape et attendre la rencontre d'une nouvelle ferme, en nous nourrissant, à défaut d'autre chose, de l'espoir peu motivé qu'elle sera sans doute mieux approvisionnée que celle-ci ; espoir plus que chimérique, si nous en croyons les signes de tête de nos conducteurs, deux Malais à la mine farouche, solides gaillards dont les prunelles ardentes et extrêmement mobiles semblent raconter des choses sinistres. Il faut toutefois dire à leur louange qu'il est impossible de rencontrer cochers plus habiles.

Et dire que nous avons laissé sur la gauche la petite ville de Worcester, sur la foi de ces maudits Malais qui connaissaient le fermier à la pipe, et voulaient lui faire faire une vente. Il y aurait eu sans doute partage des bénéfices.

Fiez-vous donc aux Malais !

Ce qui nous console, c'est qu'ils ne dîneront pas plus que nous ; mais, c'est égal, je préférerais encore qu'ils eussent eu des bénéfices illicites et avoir un peu comblé le creux de mon estomac.

La morale n'en eût pas trop souffert ; car, s'il est juste qu'ils soient punis, il est profondément injuste que nous soyons englobés, nous les victimes, dans cette rigoureuse pénitence.

Pendant que je me livre à ces réflexions aussi amères que philosophiques, nous continuons notre route qui me semble plus longue que jamais.

La nuit entière se passe ainsi sans qu'il y ait rien de nouveau à signaler dans nos pauvres estomacs. Ajoutez que la fraîcheur a centuplé notre appétit et que l'on n'a jamais si faim que lorsqu'on n'a rien à manger.

Maintenant, nous recommençons à monter. Tout, autour de nous, n'est qu'un immense chaos de rochers entouré d'un cirque de pierres. Le chemin disparaît à chaque instant dans un tournant placé entre deux falaises s'élevant à pic, et laissant à peine de place au ruban grisâtre qui serpente à leurs pieds et constitue la route.

Vers les midi nous rencontrons un troupeau de moutons et de chèvres. Les paysans qui les accompagnent ont l'extrême bonté de partager leurs petites provisions avec nous. Partager moyennant finance ; mais c'est égal, je ne peux m'empêcher de croire presque à un cadeau quand je me demande ce que l'on peut bien faire de la monnaie dans une semblable contrée. Il faut croire que ces bergers sont moins embarrassés que moi.

Le troupeau défile à côté de notre chariot, dans un tourbillon de poussière.

Les paysans de la colonie du Cap sont plutôt pasteurs que cultivateurs. Les fermes ne sont entourées que de fort peu de terres cultivées ; en échange, elles possèdent des pâturages de plusieurs kilomètres d'étendue, dans les parties de la contrée où il y a de l'eau et où le sol veut bien renoncer à l'aridité qui caractérise les terres qui s'étendent autour de nous. Ici, les pauvres moutons ne doivent pas être plus heureux que nous dans leurs essais de petites provisions. Nous plaignons moins les chèvres, sachant qu'il y a des grâces d'état pour ces amies des sites rocheux.

Les plus riches fermiers du Cap sont ceux qui cultivent la vigne. On rencontre parmi eux beaucoup d'hommes d'origine française. C'est un Français qui planta les premiers ceps dans le pays. Quant aux pasteurs, il y en a de deux sortes : les uns ont une demeure fixe et habitent des cabanes en terre, les autres sont nomades et logent dans des huttes de paille.

Nous nous enfonçons dans le Weld. Nous sommes au sein d'une plaine immense allant un peu en montant vers le nord. Quelques malheureux arbres vieillots, à l'air accablé se dressent péniblement de temps en temps; quelques pauvres touffes d'herbe, moitié désséchées, moitié brûlées, leur tiennent compagnie. Ces deux misères semblent se consoler entre elles. Mais je crois qu'elles ont bien peu de chose à tirer de leur mise en pratique du principe d'association.

Les heures succèdent aux heures, la nuit remplace le jour qui remplace celle-ci à son tour : il n'y a que le paysage qui ne change pas. Sa monotonie ne le lasse pas, ce qui démontre la puissance de l'habitude.

Pour nous, je crois que nous n'arriverons jamais à cette habitude; nous serons lassés avant.

Le croiriez-vous, nous sommes tout satisfaits de nous trouver enfin en présence d'une nouvelle chaîne de monts très nettement accusée. Nous les acclamons, ces montagnes! Il faut être dans les plaines du Weld pour avoir des idées semblables.

Nous franchissons la chaine et... et ce sont les plaines du Weld qui recommencent, sans paraître se douter le moins du monde combien elles sont agaçantes.

Il n'y a rien d'aussi beau que la grande nature, mais quand elle n'est pas trop grande.

En présence des plaines du Weld, nous comprenons toute la justesse du vers de Boileau :

> L'ennui naquit un jour de l'uniformité.

Mais voici une ferme. Nous complétons nos petites provisions. Petites est le mot, car la ferme n'est guère plus riche en denrées alimentaires que nos pasteurs, et nous n'avons aucun mérite à nous montrer d'une sobriété qui eût comblé de joie le chevalier de la Manche et fait songer péniblement son prosaïque écuyer.

Nous commençons à rencontrer quelques fermes espacées. Nous venons de franchir les montagnes Noires, qui méritent bien le nom qu'on leur a donné. Nous avons failli vingt fois rester dans une fondrière. Ce n'est qu'après une résistance d'autant plus énergique qu'elle était silencieuse, que notre attelage se décidait à faire quelques pas de temps en temps. Le long fouet des Malais claquait, sifflait dans l'espace, s'abattait ici, s'abattait là ; les bêtes ne répondaient que par le dédain le plus incontestable. Les piqûres faites avec un couteau étaient aussi inefficaces.

Enfin, c'est fini et la chaîne des monts mamelonne l'horizon derrière nous de sommets dénudés et sombres. De tous côtés, autour du chariot, le paysage est d'une monotonie et d'une tristesse qui nous permettent de nous faire une idée du spleen, considéré généralement en France comme une importation purement anglaise. L'aridité du sol serait complète si quelques plantes d'un aspect maladif ne se montraient par ci, par là, l'air tout honteux d'être aperçues dans un lieu aussi mal famé. Elles semblent protester contre le hasard qui les a fait venir là et déclarer que ce n'est pas leur faute. Ce n'est pas que parmi les humains que l'on rencontre des victimes du sort et des incompris.

Crac ! crac ! rrrran ! Nous descendons dans le lit d'une rivière que nous devons traverser, ce qui ne paraît pas du goût de notre attelage. Des bœufs veulent remonter le courant de l'eau, tandis que d'autres, ayant une manière de voir différente, prétendent le descendre. Nos conducteurs tentent vainement d'arriver à un compromis qui nous permettra de suivre directement notre route. Le résultat de cette diversité d'opinions, c'est que nous allons tout bonnement verser au beau milieu de la rivière. Les deux Malais ont sauté prestement de la voiture et sont dans l'eau jusqu'aux épaules. Ils crient, ils se démènent. Les bœufs convaincus renoncent à leur caprice et tout rentre dans l'ordre.

Nous continuons à rencontrer des fermes de Boers. Presque tous sont des descendants des calvinistes français ou hollandais qui se sont réfugiés jadis dans cette contrée pour échapper aux persécutions. Ils sont très intelligents et s'occupent beaucoup de la chose publique. Leur principale richesse consiste dans la vente des laines de leurs troupeaux.

Nous obliquons sans cesse vers l'ouest afin de pouvoir visiter les mines de diamants du Griqualand, dont Mme P... a donné une intéressante description dans le *Tour du monde.* Nous traversons, après trente heures de route, Victoria, qui a la prétention d'être une ville, mais qui ne justifie guère cette opinion ambitieuse. Enfin, voici Hope-Town. Encore quelques instants, et nous arriverons au fleuve Orange. Nous allons le franchir en radeau. Nos bœufs paraissent préférer cette façon de traverser les rivières à celle que nous avons employée précédemment. Avouons franchement que, nous aussi, nous sommes plus tranquilles. En marche vers le fleuve. L'Orange a tous les caractères d'un grand fleuve africain : chutes prodigieuses où la masse de ses eaux s'abîme avec un grondement de tonnerre, disparaissant sous une nappe rageuse d'écume, d'où monte un épais nuage de gouttelettes impalpables produites par la violence du choc ; crues s'étendant quelquefois à perte de vue, noyant tout, emportant au loin les plantes et les arbres déracinés ; rapides et remous auxquels rien ne semble devoir résister, avec rochers montrant leurs têtes anguleuses et déchirant l'énorme ruban liquide, avec retours, tourbillons minant le rivage et mettant un monde de racines de toutes formes à l'air et pendant au-dessous de cavernes fantastiques. Ses rives présentent, tantôt des landes arides, tantôt de hautes falaises d'un profil sévère, où quelques lianes seules se montrent dans les anfractuosités du roc et entre les pierres des éboulis qui viennent s'accumuler en chaos dans le lit du fleuve qui les ronge ; tantôt, enfin, des forêts épaisses où les végétaux les plus divers s'enlacent aux arbres, créant un mur impénétrable sans cesse renaissant ; puis, des plaines herbeuses, des étendues de bruyères arborescentes, à la silhouette bizarre, aussi impénétrables que les forêts.

CHAPITRE II

M. DU TOIT. — LES SPÉCULATEURS. — UN NÉGOCIANT QUI SE DÉROBE. — MARCHÉ CONCLU. — ÉTONNEMENT. — DU TOIT'S PAN. — L'OR ET LES BOERS. LEUR PRINCIPALE PASSION ET LEUR PLUS GRANDE HAINE. — LA RUE PRINCIPALE DE DU TOIT'S PAN — LES MINEURS HEUREUX. — HEURE DE CÉLÉBRITÉ. — UN THÉATRE. — NE NOUS MONTRONS PAS PLUS DIFFICILES QUE SHAKESPEARE ET MOLIÈRE. — LE TRAVAIL DES CLAIMS. — LES MINEURS. — L'EAU DE VIE. — UNE TEMPÊTE DE SABLE. — UN ÉLAN PHILOSOPHIQUE SUIVI DE TROIS ANECDOTES. — LES PLUMES. — LE VIN DE CONSTANCE. — COTONNIERS ET ALOÈS. — UNE PLAINE QUI MARCHE. — LE VERT NOUS EVAHIT. — LES VŒT-GANGER. — INUTILITÉ DU FEU ET DE L'EAU POUR LES ARRÊTER. — HÉCATOMBES SUR HÉCATOMBES. — DEUX SILLONS D'UN NOUVEAU GENRE. — DES ARBRES LE LONG DU COURS DU VAAL. — UN BAOBAB. — NOUS DÉJEUNONS AU FRAIS. — IL NE FAUT JURER DE RIEN.

Le brave M. du Toit était un descendant d'émigrés français réfugiés en Afrique après la révocation de l'édit de Nantes. Peu sensible aux révolutions qui ont agité la société dont ses ancêtres avaient été victimes, et qui ont enfanté le monde moderne, M. du Toit suivait le conseil que Voltaire donne dans Candide et *cultivait son jardin* situé au nord du fleuve Orange. Les solitudes, au sein desquelles il vivait, semblaient devoir lui assurer une quiétude inaltérable.

Qui diable! aurait pu avoir l'idée d'aller déranger ce bon M. du Toit.

Qui? Je vais vous le dire..... Car l'existence de M. du Toit a été troublée. Troublée au point qu'il a failli en devenir fou..... Qui? des spéculateurs.

Des spéculateurs! dira-t-on; mais qu'allaient-ils faire au-delà du fleuve Orange?

Eh bien! et les mines de diamants! Vous oubliez les mines de diamants vers lesquelles nous nous dirigeons.

On avait trouvé des diamants sur les terres de M. du Toit. On en parlait. Des diamants! Vous n'êtes plus étonnés si les spéculateurs entrent en scène.

Ils se présentent chez le descendant des réfugiés protestants pour lui proposer de lui acheter sa propriété.

Mais M. du Toit est déjà loin. Lui, recevoir des spéculateurs? Que vous le connais-

Mineurs au travail. (Page 48.)

sez peu ? Il a fui ; on ne sait pas où il est ; on ne peut pas le retrouver. Dans les acheteurs, il a flairé des ennemis. Il s'est sauvé affolé, désperé, des larmes plein les yeux et des sanglots plein la gorge. Vous pouvez chercher maintenant.

Mais rien n'est impossible à de véritables spéculateurs qui voient la fortune au bout d'une opération.

Ils trouvent le refuge de l'homme à qui ils ont affaire. Celui-ci refuse de les recevoir. Ils insistent. On résiste. Enfin, à force de parlementer, on finit par se comprendre.

Comment, on ne vient pas pour dépouiller, assassiner le pauvre M. du Toit ! Comment, on a pu s'emparer sans résistance de ses propriétés, et on offre de les lui acheter ! C'est louche ? L'intelligence un peu primitive du fermier n'y comprend rien. Il s'est habitué à la morale des Cafres, et celle-ci n'est pas en rapport avec la transaction qu'on lui propose.

On lui apporte l'argent, 125,000 francs ; il est bien forcé de se rendre à l'évidence. Il sera riche et Du Toit's Pan sera fondé.

Vous vous demandez ce qu'un pareil personnage pourra bien faire de son argent. Il le comptera.

Et puis?

Et puis, il le recomptera. Il est inutile de m'adresser un nouvel: et puis? Il le comptera, le recomptera toujours, sans s'en servir, heureux de le posséder, ne songeant nullement à l'utiliser. Il a cela de commun avec les autres Boers, grands thésauriseurs s'il en fût.

Deux choses caractérisent les Boers : l'amour de l'or pour lui-même, sans autre désir que de le posséder, sans idée d'échanges, sans aucune notion du bien-être et des satisfactions de tous genres qu'il peut procurer (voilà la transaction de nos bergers expliquée), l'amour de l'or et la haine de l'Anglais.

Pour les Boers, l'Anglais est l'ennemi par excellence. Plus on se rapproche des Etats de l'Orange et du Transvaal, plus cette haine devient vive.

Pour expérimenter la chose, nous n'avons qu'à nous présenter chez un fermier et à demander l'hospitalité en nous servant de l'idiome britannique. On affectera de ne pas nous comprendre et on nous poussera peu à peu vers la porte. Parlons, au contraire, français ou hollandais, nous ne rencontrerons partout que des amis.

Mais, revenons aux mines. Nous nous rendrons compte plus tard, en parcourant les Etats libres créés par les Boers, des causes sans cesse renaissantes de leur haine pour les fils de la Grande-Bretagne.

Nous avons dit que Du Toit's Pan devait le jour à la transaction acceptée après une résistance des plus pittoresques par le brave M. du Toit. Du Toit's Pan est un campement autour des mines de d amant, qui doit son nom d'abord à son fondateur, malgré lui, ensuite à un petit lac rond; en forme de bassin, *pan* dans le langage des gens du pays, qui s'y trouve. Les autres campements ont été baptisés d'une façon analogue.

Pénétrons dans Du Toit's Pan.

Voyez-vous ces tentes, ces cabanes de toutes sortes éparses dans cette plaine brûlée où aucune espèce de végétation ne se fait deviner, où pas un arbre ne se laisse apercevoir jusqu'à l'horizon? Nous sommes arrivés. Du Toit's Pan est devant nous. Ce long espace vide, sillonné de profondes ornières de chaque côté duquel des bâtisses en toile ou en planches se succèdent, faisant tantôt un pas en avant, tantôt un saut en arrière, montrant toutes un dédain profond de l'aligne-

ment, se laissant voir ici de face, là de côté ou même d'angle, cet espace d'un gris sale, semé d'un tas d'ordures, c'est la rue principale, le quartier aristocratique. Des affiches, des annonces tracées au pinceau en gros caractères sur les cabanes, nous disent assez que nous sommes au milieu des gros bonnets de l'endroit, des négociants. Des cavaliers, des petites voitures, des piétons aux vastes chapeaux et aux vêtements amples vont et viennent sur la chaussée, au milieu de tonneaux défoncés, de caisses ouvertes, de ballots amoncelés devant les maisons. On ne parle que diamants. Les mineurs, heureux, sont les héros du jour. Leurs noms sont sur toutes les lèvres. Ils ont leur heure de célébrité.

Descendons visiter les « claims ». En revenant, ce soir, nous irons au théâtre, car Du Toit's Pan a un théâtre. L'art ne perd jamais ses droits. Nous serons assis sur des planches, à l'orchestre ; les décors laisseront peut-être à désirer, les acteurs aussi ; mais les spectateurs n'en seront pas moins satisfaits et les applaudissements ne manqueront pas. En fait de théâtre, Shakespeare et Molière à ses débuts en ont vu bien d'autres !

Les claims sont des carrés de terrain de dix mètres de côté, concédés à des particuliers qui les exploitent pour leur compte.

L'ensemble des claims constitue la mine ou *kopje*. Voici en quoi consiste le travail des mineurs. On fait piocher le claim par des nègres. Ceux-ci, après avoir battu la terre, la font monter dans des seaux de zinc, à l'aide d'une corde et d'une poulie. Cette terre

arrive dans un endroit préparé pour la recevoir. On la passe dans deux cribles, l'un gros et l'autre fin, puis on dépose le gravier qui reste sur une table. Alors le triage commence. Il s'agit de remuer, d'éparpiller le gravier à l'aide d'un rectangle de fer-blanc et de chercher s'il y a un diamant parmi ces pierres. Celui-ci, quand il existe, est très facile à découvrir.

Maintenant que nous connaissons les mines, nous ne ferions peut-être pas mal de faire un peu connaissance avec les mineurs.

Monde très mêlé ; il n'est pas nécessaire d'avoir vécu bien longtemps à Du Toit's Pan pour s'en apercevoir. Beaucoup de voleurs, comme cela est naturel dans des lieux où la convoitise est sans cesse excitée et où le larcin est, somme toute, assez facile. « L'occasion fait le larron », dit le proverbe, et ce ne sont pas les occasions qui manquent. Il faut s'attendre à être pillé par ses voisins, ses associés et surtout par les nègres que l'on emploie pour piocher le claim et battre la terre. Pendant le travail il faut ne pas les quitter des yeux et être convaincu qu'ils voleront encore malgré cette surveillance de tous les instants. La nourriture laisse un peu à désirer dans les campements des mines de diamants. Il faut faire venir de très loin tous les produits alimentaires et le climat ne permet pas de grandes provisions. Il est nécessaire de se montrer sobre du côté du manger. Il n'y a malheureusement pas la même nécessité pour ce qui concerne la boisson. L'eau-de-vie règne en souveraine absolue sur les habitants d'ici. L'apologie du cap Brandy, eau-de-vie du Cap, est à l'ordre du jour, le besoin d'en prendre à chaque instant, d'en abuser avec une conviction inébranlable, est érigé en système. C'est l'*abc* de l'hygiène pour les mineurs. De là un grand nombre de maladies, une facilité énorme qu'ont les moindres bobos à s'envenimer singulièrement. Une coupure ou même une simple égratignure devient bien vite, l'hygiène du brandy aidant, une plaie assez grave. Alors commence une lutte, dont l'issue n'est que trop certaine, entre l'homme atteint et la nature. En présence du mal, le mineur convaincu a plus recours que jamais à l'hygiène. Le brandy prend de plus en plus d'importance dans son existence..... et le mal aussi. La victime ne se désespère pas en face d'un pareil résultat. Elle a la foi! elle augmente la dose. Si elle est douée d'une confiance solide, elle peut rendre son mal incurable en fort peu de temps.

— Cependant les gens intelligents devraient s'apercevoir que.....

Je n'ai pas dit le fin mot de la chose : messieurs les mineurs ne détestent pas le brandy Cap. Ce qu'ils appellent modestement leur hygiène pourrait bien tout bas s'intituler leur vice.

Nous n'avons rien à gagner dans un pareil milieu, disons adieu à Du Toit's Pan. Demain, nous partirons à la première heure pour aller retrouver la route de Livingstone vers le Nord, à travers le territoire des Gricouas.

Mais quel est ce charivari ! Les toiles de la tente sous laquelle nous logeons s'agitent avec frénésie. Un vent violent les secoue avec rage. Pour peu que cela continue, elles vont être enlevées dans les airs et nous, transportés nous ne savons pas où. Avant de nous laisser partir, le « Griqualand Ouest » tient à se montrer à nous sous tous ses aspects. Nous nous serions bien passé du spectacle final ; mais on ne nous a pas demandé notre opinion. Il ne nous reste plus qu'à nous cramponner à tout ce qui pourra nous tomber sous la main et à maintenir de toutes nos forces la toile qui nous sert d'abri. Nous ne faisons, en agissant ainsi, qu'imiter tous les habitants du camp.

Eux aussi se cramponnent, eux aussi sont suspendus aux toiles qui forment les murs de leurs habitations. Le spectacle a certainement des côtés comiques ; mais personne n'a envie de rire. Les mineurs qui ne sont pas encore revenus de leur claim courent à perdre haleine suivis de leurs nègres qui gambadent en se bousculant les uns les autres. Les chapeaux s'envolent, les cheveux des femmes se détachent et flottent au vent. Les chevaux s'emportent. Des tonneaux vides roulent dans la rue principale et unique ; faisant culbuter les coureurs aveuglés par le sable. Car c'est à une tempête de sable que nous avons affaire, chose assez commune dans la région. Le ciel n'est plus visible. On est au milieu d'une atmosphère épaisse et rougeâtre qui prend à la gorge et empêche la respiration. Il devient bientôt impossible de distinguer les objets. Tout prend une teinte rousse, jusqu'à la peau des nègres.

Ahuri, aveuglé, on se laisse ballotter comme un automate ; on ferme les yeux et l'on attend accablé, dans une sorte d'anéantissement qui vous ôte jusqu'au sentiment du danger.

Quand on revient à soi, une fois la tempête passée, il ne vous reste plus que le souvenir d'un violent bourdonnement mêlé de clapotements, de bruit de toiles qui se tordent et fouettent l'air. Il paraît que les orages qui s'abattent sur Du Toit's Pan sont aussi redoutables que ses tempêtes de sable. J'ai dit que nous partirons demain ; je ne regrette qu'une seule chose, c'est que nous ne puissions partir aujourd'hui même.

Enfin, nous voilà en route. Le lever du soleil a été superbe ce matin. Le ciel ne laisse pas apercevoir le plus petit nuage. Nous nous dirigeons vers l'Ouest, dans le sens du cours du fleuve Orange.

Il règne une chaleur épouvantable, quoique la journée ne fasse que commencer. Nous sommes étendus sur des colis, dans notre chariot. La plaine qui fuit au loin, devant nous, et que nous apercevons par la baie en arcade que fait la bâche sur le devant de la voiture, est d'une monotonie désespérante. Elle s'étale dans sa nudité, sans que le plus petit arbuste, la plante la plus infime vienne rompre, par une note quelconque, sa banalité triste. C'est une nappe infinie, d'un gris roux. Si nous philosophions un peu puisque nous en avons le temps.

Quelle chose bizarre que la destinée! dirons-nous après l'enfant chéri de Beaumarchais, l'immortel Figaro. Il s'agit de la destinée de telle ou telle contrée que nous venons de traverser et non de celle d'un individu. Voici le Griqualand Ouest, à quoi doit-il sa fortune ? Au plus grand des hasards. Un jour des trafiquants qui traver saient la contrée s'arrêtent devant une ferme. Ils aperçoivent des enfants qui jouent avec des pierres. Quelques-unes de ces pierres frappent ces voyageurs par leur physionomie. Si c'étaient des diamants! L'un d'eux a l'idée de tenter de rayer une vitre avec un des cailloux en question. L'expérience réussit à merveille. On connaît la puissance de la renommée. Il n'est plus bientôt bruit dans toute la contrée que de l'heureuse découverte qui vient d'être faite. La nouvelle ne tarde pas à arriver au Cap. Des Sociétés, pour l'exploitation des mines, ne tardent pas à se fonder. Les aventuriers de toutes sortes affluent de tous les côtés. D'abord, on n'avait cherché les diamants que dans les rivières ; mais des trouvailles faites dans les terres de M. du Toit donnèrent une tout autre importance à la découverte. On sait le reste. Nous redisons une seconde fois avec l'incomparable barbier : Quelle chose étrange que la destinée !

Un autre exemple. Nous avons du temps devant nous. La plaine s'étend toujours, imperturbable dans sa monotonie. Je prévois que j'aurai même le loisir d'en exposer un troisième, ce que je ne manquerai pas de faire. Donc second exemple :

Hope-Town, petite ville que nous avons traversée avant de passer l'Orange, végétait. Des négociants ont l'idée de s'y livrer au commerce des plumes d'autruche et des fourrures. Les fourrures ne prennent pas une grande importance; mais les plumes ne tardent pas à produire dans les proportions des mines de diamants. Il y a aujourd'hui des maisons de commerce d'Hope-Town qui expédient pour plus de vingt-quatre millions de plumes par an. La ville est très riche maintenant.

Je savais bien qu'il y aurait place pour mon troisième exemple. Le voici :

En 1685, un gouverneur hollandais du nom de Simon Van der Steel, très passionné pour l'agriculture, fait rechercher dans la colonie du Cap, le sol le plus propre à la culture de la vigne. Il analyse des vins de divers pays et, entre autres, de celui de Constance en Europe. Quand il a fait son choix il fait venir des plants et obtient le vin du Cap, si célèbre dans le monde entier sous le nom de vin de Constance. Les crus ont acquis à l'heure qu'il est une valeur énorme. L'idée du Hollandais agriculteur contenait en germe pas une mais dix, mais cent, qui sait combien de fortunes! Pas un étranger ne s'arrête à la ville du Cap sans aller faire une visite aux vignobles de Constance.

Je pourrais philosopher et citer indéfiniment des exemples, car le paysage ne paraît pas disposé à changer de si tôt d'aspect. Cependant, je dois dire que nous venons d'apercevoir à une petite distance de notre voiture quelques touffes pâles se détachant sur le sol d'un roux brûlé. Nous avons sans doute affaire à quelques cotonniers du Cap dégoûtés du monde et retirés au désert. Cent mètres plus loin, les roues de notre massif et lourd véhicule viennent d'écraser une tige d'aloès. Pour peu que cela continue, nous nous trouverons bientôt au milieu d'une végétation luxuriante. Çà nous changera. C'est égal! je ne puis m'empêcher de plaindre le sort des pauvres cotonniers. L'aloès, elle, au moins a *vécu*, comme aurait dit un Romain.

Enfin, nous distinguons à l'horizon une longue ligne verte. Nous allons en avoir fini avec le pays du rouge. Le désert est franchi. Nos conducteurs nous affirment que nous nous trompons et que nous sommes loin d'être arrivés. — Cependant, la ligne verte! Ils la voient comme nous, ils ne peuvent pas nier son existence.

Elle grandit sans cesse, cette brave ligne, elle se développe, s'élargit, gagne à chaque instant en profondeur. C'est un immense tapis d'herbe. Nos conducteurs Cafres sont en défaut.

Nous approchons ; encore quelques instants et nous allons pouvoir nous rouler dans la verdure. Sa vue nous rafraîchit. Ceux qui ont parcouru un désert quelconque comprendront notre enthousiasme ; ils savent par expérience ce que c'est que la soif du vert.

Ou notre joie nous trouble la raison, ou nous sommes victimes d'une singulière erreur d'optique. Il nous semble à tous que la plaine verte met autant d'ardeur à venir à notre rencontre que nous en mettons à marcher vers elle.

— Mais nous n'avons pas affaire à de l'herbe ! Mais nous ne sommes victimes d'aucune erreur d'optique ! Mais le sol marche bien en effet ! Miséricorde ! nous voilà envahis !

— Les voet-ganger ! crient nos Cafres.

Les voét-ganger (mot à mot, *qui va à pied*). Nous nous trouvons en présence d'un bataillon de larves de sauterelles. D'un bataillon! nous pourrions dire : d'une armée couvrant plusieurs kilomètres de terrain. Ces larves sont trois ans avant d'avoir des ailes. Il est impossible de les arrêter dans leurs voyages. Quelle digue leur opposer! si elles rencontrent une ceinture de flammes, elles l'éteignent en y jetant des milliards des leurs! faut-il passer un fleuve! elles le traversent sur un radeau formé de cadavres. Les gens du pays prétendent que des larves placées en arrière garde mangent impitoyablement les retardataires, les infortunés voet-ganger qui ne se sentent pas la force de suivre leurs compagnons et qui s'attardent, vaincus par la lassitude. On conçoit facilement que la perspective d'être forcés de pénétrer dans les singuliers fourgons qui leur sont réservés, doit être pour eux un encouragement constant à la marche. Aussi est-il probable que les voet-ganger, épuisés par les fatigues du chemin, ne s'arrêtent qu'à bout de forces et après s'être livrés à des réflexions qui ne doivent pas laisser que d'être assez mélancoliques.

Voilà deux heures que les bœufs de notre

chariot piétinent sur les larves de sauterelles, faisant hécatombes sur hécatombes; que nos roues tracent deux interminables sillons dans cette masse grouillante. Décidément, trop de vert!

C'est fini! nous apercevons au loin un ruban d'arbres qui serpente dans la plaine et nous signale le cours du Vaal. La terre commence à se couvrir de végétation. La campagne a un aspect de fraîcheur dont notre marche à travers le pays du rouge et du vert animal nous fait sentir tout le prix.

Nous ne pouvons résister à l'envie folle qui nous prend de descendre de la voiture et de fouler ce sol bien élevé qui comprend ce l'on doit à ses hôtes, et pratique aussi noblement que simplement l'hospitalité antique.

Nous nous arrêtons au pied d'un arbre gigantesque qui ne mesure pas moins de vingt-cinq mètres de circonférence : c'est un baobab, le plus grand de tous les végétaux connus.

Les branches puissantes, étrangement et hardiment projetées de ce géant produisent au-dessus de nos têtes un prodigieux dôme de verdure qui arrête complètement les rayons ardents du soleil.

Quiconque nous aurait dit, il y a un instant, que nous déjeunerions à l'abri du feuillage d'un arbre, si petit qu'il fût, nous eut bien étonnés et se serait vu traiter de mauvais plaisant.

Cette personne cependant — comme on le voit, car nous étalons nos provisions et commençons à les faire disparaître avec un appétit digne d'être enregistré — cette personne n'aurait dit que la stricte vérité.

Ce qui prouve que le proverbe a raison, quand il dit qu'*il ne faut jurer de rien.*

CHAPITRE III

LES GRICOUAS. — UNE NOUVELLE MANIÈRE DE COMPRENDRE L'ARISTOCRATIE. — LOGIQUE DES RIVERAINS DU FLEUVE ORANGE. — WATERBOER ET SON INFLUENCE. — LE BON EXEMPLE. — LES BETJOUANAS. — COSTUME D'HIER ET HABILLEMENT D'AUJOURD'HUI. — L'AVENIR DE LA COULEUR LOCALE. — DU COSTUME DANS SES RAPPORTS AVEC LA SANTÉ. — LA CONTRÉE DU JAUNE. — L'ART CHEZ LES BETJOUANAS. — UNE CHASSE AU LION. — LES PIÈGES DES BETJOUANAS. — LA CHASSE. — LA TRAPPE. — UN PONT DE CADAVRES. — LA FAMINE CHEZ LES BETJOUANAS. — LES RACINES. — LE DÉSERT DE CALAHARI. — LES BOSCHIMANS. — PAR DROIT D'HÉRITAGE. — UN PEU DE SCIENCE. — LA VALISE BIBLIOTHÈQUE. — IMPRESSION PRODUITE PAR LA VUE DES ARBRES. — UN GENRE DE POMPE PARTICULIER AUX BETJOUANAS ET AUX BOSCHIMANS. — RAPPORT ENTRE NOTRE ATTELAGE ET TANTALE. — LE MIRAGE. — LE TSÉTSÉ. — ARRIVÉE SUR LES BORDS DU LAC NGAMI. — LE LAC. — DÉPRESSION DE MAKARIKARI. — LA PIERRE DE TOUCHE DE L'AMITIÉ.

Nous allons, maintenant que nous avons franchi sans encombre le Vaal, pénétrer dans quelques fermes de Gricouas et étudier les mœurs des habitants.

Burchell nous apprend que les Gricouas sont des métis issus de Hollandis et d'Africains. Ce mélange a produit un peuple solide, bien constitué au physique et assez intelligent; mais complètement différent, par ses conceptions sociales, des ancêtres européens auxquels il doit une moitié de son existence. Chez les Gricouas, les métis issus immédiatement de Hollandais sont considérés comme supérieurs à leurs compatriotes de la seconde génération et les dédaignent. Ceux de la deuxième envoient par ricochet ce mépris augmenté du leur aux représentants de la troisième. Et ainsi de suite tout le long de l'échelle.

Ce nouveau genre d'aristocratie, qui nous fait sourire, est cependant beaucoup plus logique que le nôtre. En somme, chez les Gricouas, plus on est rapproché de la souche admise comme supérieure, plus on est réputé de sang noble. Chez nous, ou plutôt chez nos pères, plus on remontait loin, plus l'ancienneté de la famille était démontrée, en d'autres termes, plus la cause d'anoblissement était éloignée, plus on était prisé. En somme, les habitants des bords du fleuve Orange nous paraissent les interprètes les plus exacts de l'idée aristocratique. Et l'on peut dire que, dans notre vieille Europe, la noblesse n'a été le plus souvent qu'une passion d'antiquaires. Nous sommes forcés de nous incliner devant le système aristocratique des Gricouas.

Les Gricouas ont rencontré dans la personne de Waterboer, qu'ils nommèrent chef en 1822, un homme ferme et intelligent, auquel ils doivent une partie de leurs progrès sociaux. Ce chef a fait tout ce qu'il a pu pour développer l'instruction, empêcher le maraudage et, ce qui n'a pas été le plus facile de la tâche, lutter contre l'ivrognerie. Les fermes que nous visitons sont bien tenues. Les terres annoncent une culture sérieuse. En somme, il y a peu de différence entre l'existence d'un Boer et celle d'un Gricouas.

Nous pouvons constater les effets de l'exemple en pénétrant chez les Betjouanas, voisins des Gricouas. Ces Africains se sont offert, à l'instar des métis des bords de l'Orange, une petite apparence de civilisation qui ne sonne pas trop faux au premier abord.

Ces braves gens qui, autrefois, s'habillaient si peu qu'il est à peine besoin d'en parler, qui remplaçaient les tissus dont il nous semblerait difficile de nous passer, par un barbouillage de graisse mêlée d'ocre, chargé de défendre leur corps contre les ardeurs du soleil ou les fraîcheurs des nuits ; ces amis du progrès sont habillés comme s'ils avaient eu le loisir d'aller faire une visite d'emplettes dans un de nos magasins de confections situés plus ou moins à côté du quai. Quelques-uns de ceux que nous rencontrons sur notre route ont un air respectable qui, tout en nous flattant dans nos idées de progrès, nous fait faire de tristes réflexions sur l'avenir de la couleur locale.

Ce qui parvient à calmer les regrets tout artistiques que ces réflexions ont fait naître, c'est la certitude que les Betjouanas ne changeront pas aussi facilement le caractère de leur physionomie, leurs formes et leur coloration bien spéciale, que la coupe de leurs costumes. Le ton brun de leur peau permet de ne pas désespérer complètement d'un genre de couleur locale. On peut être sûr que celle-là résistera encore bien longtemps aux progrès de l'industrie.

Nous ne verrions donc, somme toute, aucun inconvénient à ce que les honnêtes Betjouanas et mesdames leurs épouses prissent plus ou moins nos modes, si l'art seul était en jeu dans la question du vêtement appliqué aux populations de l'Afrique australe. Mais il n'en est malheureusement pas ainsi.

Ce n'est pas seulement l'art qui se ressent en mal de cet état de choses, c'est aussi, et ceci devient plus grave, c'est aussi l'hygiène.

L'habillement ne se contente pas d'enlaidir les pauvres Betjouanas qui y sont condamnés à perpétuité, il les tue.

La graisse mêlée d'ocre des anciens jours les protégeait mieux que les riches tissus de l'heure présente; elle n'engendrait pas comme eux, les maladies de poitrine.

La pluie coulait sur cette graisse mêlée d'ocre ; l'humidité n'avait pas prise sur elle.

Après un orage ou une averse, les Betjouanas n'avaient qu'à se secouer légèrement pour faire disparaître ses dernières traces sur leur corps. Après quoi ils pouvaient reprendre leur train de vie ordinaire plus secs que jamais. En cas d'avaries un peu plus sérieuses, on avait de suite recours à la graisse bienfaisante et le désastre de toilette était réparé en un tour de main. Que les temps sont changés !

La graisse a disparu. Quand il pleut, le vêtement du Betjouanas se mouille. Quand il est mouillé, comme son propriétaire n'en a généralement pas un autre de rechange, comme il porte toute sa garde-robe sur son dos, eh bien ! le Betjouanas est mouillé par ricochet. Il est trempé, et l'humidité dans laquelle il va vivre durera autant que celle du vêtement.

Il sera mouillé tout le jour ; il le sera aussi la nuit, car le Betjouanas n'a pas encore acquis l'habitude de se déshabiller pour dormir. Il se fait cette réflexion très simple que, si l'habillement est une chose bonne en soi, on ne saurait trop profiter de ses qualités ; et puis il trouve trop fatigant de le mettre et de l'ôter matin et soir.

Pour l'heure présente, je pense que les Betjouanas ne sont pas capables de se vêtir et je vote pour qu'on les renvoie, jusqu'à nouvel ordre, à la graisse et à l'ocre.

Ce que les Betjouanas n'ont pas emprunté aux Européens avec leur costume, c'est leur faculté de travail. Livingstone dit que malgré les leçons qui ne leur ont pas été épargnées et les outils qu'on leur a fournis, il n'est pas un d'eux qui soit capable de réparer et, à plus forte raison, de confectionner un chariot. Et cependant nous ne pouvons pas nous faire une idée de l'importance que la possession de ce véhicule leur donnerait parmi leurs compatriotes.

Le pays que nous traversons en nous dirigeant vers Courouman, une ville des Betjouanas, située à une trentaine de lieues au Nord de Grique-Town, la capitale des Gricouas, a un aspect plus fané que brûlé, bien particulier. Le sol et les plantes produisent un ensemble d'un jaune pâle. On nous assure que, durant la saison des pluies, le paysage est marbré de taches vertes qui lui donnent une certaine fraîcheur. Mais, pour le moment, il est impossible de découvrir la plus petite trace de la couleur symbolique de l'espérance. Il y a peu de temps nous étions dans le pays du rouge, maintenant nous voyageons dans la contrée du jaune. Heureusement, une chaîne de montagnes qui court à l'horizon nous repose un peu la vue. Nous avançons au milieu d'une mer d'herbes desséchées d'où s'élèvent çà et là des buissons épineux. Des espaces sablonneux se dessinent de distance en distance.

Nous ne nous arrêtons pas à Courouman et nous remontons vers le Nord pour visiter la tribu des Betjouanas dont le chef Séchéli fut l'ami de Livingstone.

Les Betjouanas sont moins guerriers que leurs frères les Cafres. Ils leur sont aussi très inférieurs sous le rapport du développement physique. Mais ils ont certaines qualités qui compensent amplement cette infériorité. Ils sont voyageurs, curieux, d'un esprit actif, avides de connaissances nouvelles. On peut dire en somme qu'ils sont une des populations les plus intelligentes de l'Afrique. Il est difficile de se montrer plus dur à la fatigue. L'étendue de leurs courses de chaque jour est incroyable. Ils vivent de chasses et de laitage que leurs femmes savent très bien préparer et conserver dans des vases d'argile qu'elles confectionnent avec beaucoup d'adresse. Elles ont des pots sans pieds et exactement hémisphériques qui présentent de grandes qualités de solidité. Les ornements que les Betjouanas entaillent sur leurs armes ou leurs ustensiles domestiques indiquent un certain développement artistique.

On nous montre la place où Livingstone fut renversé par un lion à la chasse. Cet épisode des voyages du célèbre docteur mérite d'être raconté. Nous en saisirons d'autant mieux toutes les péripéties que nous sommes sur les lieux, car nous venons de gravir la petite éminence où se trouvait l'explorateur quand le lion se jeta sur lui et le fit rouler jusqu'en bas du mamelon.

Livingstone avait appris que des lions erraient dans le pays, ravageant les troupeaux. Il savait que lorsque l'on parvient à tuer un lion appartenant à une troupe, tous les autres se tiennent pour avertis et quittent le pays avec un ensemble qui fait honneur à leur instinct de conservation et à leur amour de discipline. Voulant donc délivrer la contrée de ses désagréables hôtes, il leur donna la chasse avec des hommes de la tribu.

Les indigènes rencontrent un lion sur un

monticule boisé. Ils forment autour un cercle qui va sans cesse en se rétrécissant, car ils gravissent ensemble la colline. Le lion les regardait faire, assis sur un rocher. Une balle destinée à sa royale personne vient s'écraser sur la pierre à ses pieds. Il mord le projectile avec rage, puis s'élançant, franchit d'un bond prodigieux le cordon des

Un piège chez les Betjouanas. (Page 77.)

Betjouanas, au milieu de l'ahurissement des spectateurs.

La chasse était manquée, on se mit en marche pour retourner au village.

Tout à coup, Livingstone aperçoit le lion, dissimulé derrière un buisson. Il épaule, tire. Un rugissement profond répond au bruit du coup de feu.

— Touché ! crient les indigènes.

Mais le lion vient de se dresser sur ses pattes, tremblant de colère, affolé par la douleur. Il se précipite et vient tomber sur son agresseur qu'il terrasse. Un Betjouanas, pour permettre à Livingstone de se dégager, tire un second coup de fusil sur l'animal qui court à son nouvel ennemi ; un autre le frappe de sa lance. Enfin, le lion expire et est rapporté triomphalement. Livingstone avait eu le bras cassé et endommagé par douze morsures.

Il n'y a pas de lions dans le pays au moment de notre passage ; mais le chef des Betjouanas nous offre, comme compensation, d'assister à une battue générale qui va avoir lieu pour approvisionner ses sujets de gibiers de toutes espèces. Nous pourrons ainsi voir un de ces fameux pièges que confectionnent les Betjouanas.

Avant que la classe soit commencée, nous allons visiter le *hopo* (c'est le nom que les indigènes donnent à leur piège). Il a la forme d'un immense V. Les deux jambages du V, faits de palissades s'élevant de plus en plus à mesure qu'elles vont en se rétrécissant, ont plus de seize cents mètres de longueur. L'entrée que fait leur ouverture, à son extrémité a un espace à peu près aussi étendu. Au sommet de l'angle que font les deux lignes du V, se trouve un couloir, toujours hérissé de palissades, qui va aboutir à une trappe très habilement disposée. Voici en quoi consiste cette trappe. Un trou large et profond occupe toute l'ouverture du couloir. Sur les côtés sont placés des troncs d'arbres faisant rebord et ôtant aux animaux tout espoir de pouvoir se sauver par un effort désespéré.

Mais il est temps de nous arrêter, car la chasse commence.

Tous les habitants de la tribu forment un

gigantesque cercle humain, ayant plus d'une lieue de circonférence. Ils avancent en poussant des cris sauvages pour effrayer et diriger les animaux vers le piège. Le cercle se rétrécit sans cesse. Le bruit des voix devient de plus en plus strident. Quelques animaux se précipitent entre les branches du V. Nous les voyons bondir affolés de terreur. Nous sommes placés sur une éminence à deux pas de la trappe. Des Betjouanas armés de lances se tiennent à côté de nous. Ils s'échelonnent le long du corridor qui mène au piège.

D'abord, ce sont des antilopes qui se présentent, puis des zèbres, des girafes le cou allongé, faisant des bonds étranges, puis apparaissent des buffles soufflant, soulevant des tourbillons de poussière. A l'entrée de l'étroit couloir qui termine le V, les antilopes semblent hésiter et s'arrêtent, humant l'air, la tête relevée dans un mouvement plein de grâce. Ils vont rebrousser chemin ; mais les indigènes placés sur les côtés leur jettent leurs lances et les décident à reprendre leur course vers la mort.

Les chasseurs ne se possèdent plus. Une

sorte d'ivresse s'est emparée d'eux. Ils poussent des hurlements, ils courent, ils poursuivent, ils accablent les animaux de traits. Ils ont le délire de la destruction.

Le gibier s'abîme dans la trappe s'entassant, s'écrasant, produisant une masse palpitante, pleine de râles et de convulsions d'agonie.

Quand la fosse est pleine, le reste des bêtes rabattues s'échappe en passant sur le corps des victimes comme sur un pont. Il est difficile de voir un spectacle plus horrible que celui que présente cette boucherie.

On excuse cependant les Betjouanas quand on sait que dans certaines années de sécheresse ils mourraient littéralement de faim s'ils n'avaient pas recours à de semblables expédients. Alors, ces malheureux, en dehors de la chasse que nous venons de voir, n'ont pour se nourrir que des racines que leurs femmes et leurs enfants vont déterrer.

Après la chasse, nous reprenons notre marche vers le Nord, gagnant légèrement du côté de l'Ouest, pour aller vers le lac Ngami.

Le désert de Kalahari s'étale bientôt à perte de vue devant nos yeux. C'est une plaine interminable n'ayant du désert que le nom. On s'en ferait une idée des plus fausses si, pour trouver un point de comparaison, on l'assimilait au Sahara ou aux étendues pierreuses et sablonneuses de l'Arabie. La Kalahari rappellerait plutôt les steppes herbeuses du Nord de l'Asie et les plaines de l'Amérique que l'on appelle pampas.

Le Kalahari est formé par un immense plateau variant comme altitude entre 600 et 1000 mètres au-dessus du niveau de la mer. Il commence au Nord du fleuve Orange et s'étend jusqu'au lac Ngami. A l'Occident, il vient mourir sur le territoire occupé par les Hottentots, au pied des montagnes qui courent dans le sens de la côte et enfantent les terres basses que baigne l'Océan Atlantique ; à l'Orient, les Betjouanas en marquent la limite : ils se sont massés sur les confins de cette énorme nappe brûlée par le soleil les trois quarts du temps, et où le manque d'eau se fait trop cruellement sentir pour permettre un établissement fixe.

Notre première journée dans le Kalahari s'est passée à lutter contre de grandes herbes plus hautes que nous et, quelquefois, que notre chariot. Nos bœufs ont beaucoup de difficultés à se créer un passage au sein de cette végétation puissante.

Les tiges qu'ils écrasent avec les pieds ou

froissent, en les courbant, avec leurs cornes et leurs flancs, ont des révoltes soudaines, et, après avoir quelquefois souffleté vigoureusement l'attelage, s'enhardissent jusqu'à venir nous souffleter nous-mêmes, par l'espace libre que laisse, sur le devant, la bâche de la voiture.

Comme un grand nombre de plantes sont brûlées par le soleil, elles produisent en se frottant entre elles un petit bruit sec continu qui ne laisse pas que d'être assez agaçant à la longue.

Quelquefois un oiseau s'envole à notre approche ; un quadrupède, dont il nous est impossible de distinguer l'espèce, montre une seconde son museau, regarde avec un air effaré notre caravane qui s'avance lentement, et flairant le danger, d'un bond disparait dans les broussailles.

La chaleur, concentrée par les herbes, renvoyée par le sol qui se fendille et bâille à chaque pas, devient par moment intolérable. Un sourd bourdonnement monte de tous côtés autour de nous et se mêle aux craquements des végétaux. Une vie intense semble tournoyer dans ce paysage accablé. Des milliers d'insectes se livrent à des rondes folles au son de leur musique monotone et implacable.

Et cependant nous touchons à la fin de l'été.

On nous annonce pour bientôt la saison

des pluies qui doit amener une fraîcheur relative.

La saison des pluies ! La chose me paraît guère croyable, lorsqu'il s'agit du Kalahari. Est-ce qu'il pleut dans une semblable contrée ? Est-ce qu'il a jamais pu y pleuvoir ?

Les lits de rivières à sec que nous traversons de temps en temps semblent témoigner en faveur de l'affirmative. Ils serpentent à travers les plantes, formant de longs rubans d'une terre argileuse d'un gris sale plein de crevasses.

Les jours succèdent aux jours sans amener de bien grands changements dans notre existence. Le pays se montre toujours le même, et il faut nous attendre à ce qu'il en soit ainsi encore pendant près d'un mois et demi.

Nous ne trouverons d'eau qu'aux environs du lac Ngami.

Quelquefois de grands espaces vides tigrent le sol verdâtre de larges taches rousses. Là, la terre s'est refusée à toute production. Ces espaces sont terribles à franchir sous les rayons ardents du soleil ; mais le soir nous les choisissons de préférence pour camper. La vue peut s'y étendre au loin, et nous pouvons nous y défendre plus facilement contre les attaques des animaux.

La chasse est notre plus grande distraction, lorsque la végétation nous permet de chasser.

Le gibier que nous rencontrons le plus fréquemment est une sorte d'antilope dont l'organisme ne réclame que fort peu d'eau.

L'antilope frais, tel est le plat le plus estimé et auquel nous faisons le plus d'honneur, lorsque notre bonne étoile en fait présider un à notre repas. Cela nous repose des viandesséchées de ce même antilope, de buffle ou d'éléphant qui constituent notre garde-manger.

Nos conducteurs y joignent des racines en guise de pain; mais nous qui n'avons pas le même goût, goût qu'une éducation longue et sérieuse peut seule expliquer, nous sommes privés de cette ressource.

Voici comment nos provisions de bouche ont été préparées, selon la méthode des gens du pays :

On a coupé en longues lanières des morceaux d'antilope, d'éléphant ou de buffle; on les a fait sécher au soleil ou bien on les a soumis à l'action d'un feu très lent; après quoi on nous les a livrés.

Cette préparation, outre l'avantage de conserver les viandes, a celui d'économiser le sel qui fait défaut dans le pays.

Le peu de pain que nous avons se conserve tant bien que mal, grâce à l'addition de graisse qu'il contient.

A Paris, nous le refuserions net dans un restaurant. Mais nous sommes loin de Paris. Encore, si nous étions près du lac Ngami! Un lac où il y a de l'eau!

Le Kalahari n'est pas dépourvu d'arbres malgré sa sécheresse. Nous traversons, à de longs intervalles, des bouquets d'espèces de figuiers aux feuilles formant parasol, des fourrés d'accacias et même des bois touffus dont la fraîcheur bienfaisante a droit à tous nos remerciements.

Ce qui nous semble moins agréable, c'est quand il nous faut nous créer un chemin au sein d'un champ immense d'aloès dont toutes les tiges pointues sont dardées sur nous avec des intentions éminemment hostiles.

Ces plantes ne se contentent pas d'avoir une silhouette stupide, elles font tout ce qu'elles peuvent pour se rendre désagréables.

Nos hommes d'escorte viennent de nous annoncer qu'ils ont reconnu, à de certains indices, la présence de Boschimans dans le voisinage. Nous ne voulons pas manquer une si belle occasion de rendre visite à une tribu nomade et nous chargeons deux guides de se livrer à de plus amples recherches.

Ils reviennent au bout de quelques heures. Ils ont trouvé, et nous nous dirigeons immédiatement vers le kraal de nos voisins.

C'est naturellement un village mobile qui s'offre bientôt à nos yeux. Une rangée de palissades, garnies de plantes à épines, défend le campement de tous les côtés. Derrière, nous apercevons une cinquantaine de huttes assez semblables à des ruches d'abeilles. Leur architecture est des plus primitives : une carcasse de branches et des nattes fixées dessus en font tous les frais. On pénètre dans ces singulières demeures par une petite porte fort basse, qui nous oblige à marcher à quatre pattes, et est fermée par une peau pendante.

Les habitants du kraal, les armes en mains, nous saluent d'une façon toute guerrière, au milieu des hurlements des chiens et des gestes d'ébahissement des femmes.

Il paraît que c'est nous qui sommes des objets de curiosité.

Nous demandons à ces émigrants comment ils se nourrissent, eux et leur famille, dans ce désert. Ils sont plus d'une centaine, ce qui suppose une certaine consommation journalière de mangeaille.

La chasse leur suffit pour cela. Ils ont d'abord nos fameux antilopes. Joignons-y des rongeurs de toutes sortes et des félins d'espèces petites, et nous aurons une idée complète des ressources de chasse que la contrée offre aux Betjouanas et aux Boschimans qui la parcourent.

Les Boschimans, qui sont nomades et essentiellement chasseurs, sont admirablement constitués pour vivre dans le Kalahari. En dehors du gibier, leur nourriture ne consiste qu'en fruits sauvages cueillis par leurs femmes. Les seuls animaux qu'ils aient su apprivoiser sont de pauvres chiens à la mine piteuse, au corps amaigri, d'une race tout à fait inférieure. Il est inutile d'ajouter que ces populations misérables ne soupçonnent même pas ce que c'est que l'agriculture. Elles paraissent incapables de s'élever au niveau du peuple cultivateur.

Les Boschimans, qui paraissent être un rameau détaché depuis longtemps des Hottentots, sont tombés aussi bas que peut descendre l'espèce humaine. Leur physionomie est louche, leurs regards sournois. Les femmes sont encore plus affreuses que les hommes. Maigres, déformées, la physionomie stupide n'exprimant qu'une seule chose, la crainte. Toute la graisse de leur corps semble s'être réfugiée vers la partie où, comme les Européens, ces malheureuses ont l'habitude de s'asseoir. De là une protubérance charnue, un développement tout spécial, dont la Vénus dite Hottentote du musée du Jardin des Plantes nous offre un peu élégant spécimen.

Les Boschimans sont répartis en un grand

nombre de tribus peu importantes, souvent fort éloignées les unes des autres, jetées, dispersées aux quatre coins du désert de Kalahari ; vers le Nord, au-dessus et au-dessous du lac Ngami; à l'Ouest, sur les limites des frontières assez arbitraires et changeantes des Hottentots Namas; au Sud, le long du cours de l'Orange et empiétant sur le territoire de la colonie du Cap ; à l'Est, arrivant quelquefois dans leur vie nomade, toute de chasses, d'attaques à main armée et de pillages, jusqu'aux chaînes montagneuses qui abritent les fermiers du Transvaal et de la République du fleuve Orange.

Où ne pénètrent-ils pas ces éternels batteurs de buissons ! Ils croient savoir, par tradition, qu'ils ont été autrefois les maîtres de toute l'Afrique du Sud. On les en a chassés ; mais ils n'admettent pas cette expropriation un peu brutale, et font valoir à leur manière leurs droits sur l'héritage paternel chaque fois que l'occasion se présente, ce qui, du reste, ne se fait jamais bien longtemps attendre, car ils ont un talent tout spécial pour faire naître cette occasion, et la nature du sol de ce qui fut jadis leur pays combat pour eux d'une manière qui serait par trop déloyale, si elle ne reposait sur un principe aussi sérieux que celui de la propriété. Or, comme nous venons de le dire, d'après la tradition boschimane, l'héritage est sans bornes. C'est donc d'un cœur léger — un cœur léger permet bien des choses — que les tribus errantes s'élancent, en poussant le cri de guerre, vers toute expédition, quelle qu'elle soit.

Les Boschimans n'ont aucun nom générique, ou même simplement général, qui leur serve à se désigner entre eux. Les Hottentots leur donnent le nom de *sân*, ce qui veut dire indigènes, aborigènes, enfants du sol qui les porte.

Quant à leur nom de Boschimans, qui signifie *hommes des bois*, il appartient à l'idiôme hollandais et est donc d'invention européenne. Il rend assez bien l'idée que les anciens colons du Cap se faisaient de ces Africains.

On voit qu'il serait parfaitement inutile de demander aux Boschimans le moindre détail sur l'histoire de leur race. En dehors de leur vague souvenir d'un droit de propriété qui a l'avantage inappréciable de légitimer leurs incursions à leurs propres yeux, si toutefois il est bien prouvé qu'une incursion ait besoin d'être légitimée aux yeux d'un Boschiman, en dehors d'une tradition qui remonte on ne sait pas trop où, ils sont aussi ignorants qu'indifférents pour tout ce qui concerne leur passé et leur développement ethnologique.

Ce n'est donc qu'en dehors d'eux, et par des moyens purement scientifiques, que l'on peut espérer arriver à la solution du problème. Deux moyens principaux se présentent. Le premier, qui est du domaine de l'*anthropologie*, c'est-à-dire de l'histoire naturelle de l'homme, consiste à étudier les caractères physiques qui distinguent une race des autres races, puis les ressemblances et les dissemblances que les divers fragments, les diverses tribus de cette race peuvent offrir entre eux ou entre elles.

Le second appartient à la *linguistique*, à la science définie ainsi et d'une façon si excellente par M. Littré : « Étude des langues considérées dans leurs principes, dans leurs rapports, et en tant qu'un produit involontaire de l'esprit humain. »

La linguistique fait pour le langage ce que l'histoire naturelle de l'homme a fait pour l'être physique. Elle l'étudie dans sa composition, sa forme, son mode de fonctionnement; note les rapports et les différences, et arrive à un classement qui vient faire la preuve des conclusions de l'anthropologie ou tout au moins les appuyer fortement. C'est pour cela qu'à un certain point de vue, on peut considérer la linguistique comme une annexe de l'anthropologie envisagée comme science de l'homme en général.

On ne doit jamais voyager sans avoir quelques livres de science avec soi, auxquels on puisse avoir recours pour apporter de la méthode dans ses propres observations. Ces ouvrages remplacent les *Guides* dont se servent les touristes dans les pays civilisés; ils ont autant d'importance qu'une boussole pour les esprits avides d'apprendre qui ont le désir de voyager avec fruit.

Nous avons donc avec nous, non une bibliothèque — ce serait trop et nos marches continuelles ne nous laissent guère le temps de lire — mais une valise renfermant quelques ouvrages scientifiques de choix, auxquels nous avons recours chaque fois qu'un spectacle, nouveau pour nous, nous fait sentir le besoin d'élargir et de classer nos idées, de transformer nos impressions en notions positives, en constatations philosophiquement sérieuses.

Ouvrons le livre consacré à l'anthropologie par le Dr Topinard. Nous trouvons dans les paragraphes qui concernent les Boschimans :

« Les Boschimans sont la seule race au monde qui soit aussi petite, et c'est beaucoup concéder que de lui accorder 1 mètre 40 au plus en moyenne. Plusieurs traits de leurs squelettes ont aussi attiré l'attention, tels que la soudure des os propres du nez en un seul, l'effacement de la ligne âpre du fémur comme chez les singes. Les autres caractères leur sont communs avec les Hottentots, comme les cheveux insérés par touffes en spirales très serrées de quelques millimètres de diamètre, la peau de couleur jaunâtre ou chêne verni sale, etc. Leur angle facial (mesure qui permet de se rendre compte de l'importance du cerveau chez tous les êtres, et par conséquent de leur développement intellectuel : plus on descend dans l'échelle animale, plus l'angle devient aigu, le cerveau perdant de son volume, se dérobant en quelque sorte), leur angle facial a de 64 à 70 degrés.»

64 degrés est l'angle le plus bas que l'on ait constaté chez l'homme.

Passons aux femmes.

« La femme boschimane, connue sous le nom de Vénus hottentote, qui est morte à Paris, et dont la figure en pied est au Muséum, continue le même auteur, est un excellent échantillon de cette race, quoiqu'elle fût jugée de haute taille par ses semblables. » Cuvier en a tracé une bonne description : « Elle avait une façon de faire saillir ses » lèvres, dit-il, tout à fait semblable à ce que » nous avons observé chez l'orang-outang. » Pour qui a vu ces anthropoïdes (qui rappelle la forme humaine), la remarque est très expressive. « Ses mouvements avaient quelque » chose de brusque et de capricieux qui rap-

» pelaient ceux des singes : ses lèvres étaient
» monstrueusement renflées. Son oreille avait
» du rapport avec celle de plusieurs singes
» par sa petitesse, la faiblesse de son tragus
» et parce que son bord externe était pres-
» que effacé à la partie postérieure. » « Ce
» sont là, dit-il, après avoir décrit les os du
» squelette, les caractères de l'animalité. »
» Je n'ai jamais vu, termine-t-il, de têtes
» humaines plus semblables aux singes que
» celle de cette femme. »

Les dames du pays que nous trouvons sur notre route, et qui même, lorsque nous nous sentons bien debout et les yeux ouverts, nous font croire à un abominable cauchemar dans lequel le hideux le dispute à l'étrange, ce qui me semble pourtant guère facile, les.... dames du pays.... nous allions dire les femelles, mais la politesse a ses exigences.... nous permettent de constater avec humilité que Cuvier a été plutôt en-deçà qu'au-delà de la vérité.

On pense au mot profond de Gavarni : « Ce que c'est que de nous ! » Et lorsqu'on aperçoit un arbre, on se figure instinctivement qu'il doit y en avoir quelques-unes qui sautent dans les branches. On ne répugne pas à la pensée de voir de pareilles créatures empaillées ou sous verre dans un cabinet d'histoire naturelle. « Ce que c'est que de nous. »

Mais ce qui distingue un peu ces simili-hommes et ces simili-femmes des animaux, c'est qu'ils parlent, ont une langue, langue, tout ce qu'il y a de moins harmonieuse, tenant plus du cri et de la plainte que de la parole, mais, somme toute, une langue.

Puisqu'ils ont une langue, la linguistique a des droits à faire valoir, et des droits plus sérieux, moins contestables que ceux des Boschimans sur toute l'Afrique du Sud.

Fermons M. le Dr Topinard jusqu'à nouvel ordre et enfonçons les mains dans la valise aux livres.

Voici la *linguistique* de M. Abel Hovelacque qui apparaît à la lumière.

Que dit-elle?

Elle dit : « On ne connaît que fort peu de chose des divers idiomes parlés par les Boschimans. S'ils sont tous alliés les uns aux autres, il existe du moins de grandes différences entre tels ou tels d'entre eux. On a voulu les assimiler aux dialectes hottentots, mais cette tentative n'a pas eu de succès ; tels que nous les connaissons, les idiomes des Boschimans sont indépendants de la langue des Hottentots. En tout cas, ils appartiennent comme elle au système agglutinatif. Ils connaissent plus de consonnes claquantes que les dialectes hottentots ; six ou sept, assure-t-on. » En somme, tout ce qu'ils ont pu prendre de désagréable aux Hottentots, ils l'ont pris ; et, ne trouvant pas que cela fût suffisant, ils ont encore ajouté à ce stoc respectable de turpitudes, prouvant ainsi qu'il n'y a pas de limites dans le mal.

Leur langue est d'accord avec leur constitution physique et morale.

Maintenant que nous les connaissons bien, grâce à l'anthropologie et à la linguistique, tâchons de leur ressembler le moins possible.

Plaignons-les de l'excès de misère qui les a un peu précipités dans l'état d'infériorité qui les caractérise ; ayons pitié d'eux, mais seulement jusqu'au moment où il leur viendrait

Femmes boschimanes puisant de l'eau. (Page 101.)

à l'idée d'attaquer notre caravane. Oh ! alors, pas de quartier, car nous n'avons pas à en attendre d'eux.

Nous avons vu que les Boschimans pouvaient, au besoin, se nourrir à l'aide de la chasse. Ce qui est plus difficile à concevoir, c'est la façon dont ils peuvent se procurer du liquide.

Nos provisions nous permettent de voyager dans ce pays de la soif, nous, qui sommes peu nombreux. Mais comment peut bien faire ce village ?

Nous trouvons bien par-ci par-là quelques mares infimes où se désaltèrent nos bœufs. Nos conducteurs savent amener un peu d'eau à la surface du sol en enfonçant un bâton dans la terre et en le remuant. Ils recouvrent soigneusement la petite flaque après s'en être servi.

Tout cela peut être suffisant, au besoin, pour satisfaire maigrement un attelage de quelques bêtes ; mais plus de cent personnes !

Il est inutile de demander aux Boschimans quel est leur procédé. Ils se garderaient bien de nous l'indiquer. Ils savent trop ce qu'il en coûte pour se procurer le liquide tant désiré.

Nous avons vu nos guides le cacher après s'en être servi ; ils n'ont fait en cela qu'imiter leurs compatriotes.

Ne perdons donc pas notre temps à un interrogatoire qui ne saurait aboutir. Observons plutôt. Observer est ce qu'il y a de mieux à faire lorsque l'on se trouve au milieu de populations primitives, naïves, mais défiantes au possible.

Suivons du regard, en faisant tout notre possible pour qu'elle ne nous aperçoive pas, cette femme qui s'enfonce dans la campagne, un filet rempli d'œufs d'autruches sur le dos. Elle dépose son paquet et aligne les œufs sur le sol. Elle creuse un trou de la profondeur de son bras ; puis, elle y enfonce un roseau, au bout duquel elle a attaché une touffe d'herbe.

Que fait-elle, le corps penché, les lèvres posées sur l'extrémité du roseau qui s'élève en l'air ? Si nous pouvions approcher un peu plus, nous verrions un brin de paille qui sort obliquement de la bouche de cette femme et qui aboutit à l'ouverture d'un des œufs. Car ces œufs sont vides et remplissent l'office de vases. Le long de la paille court un mince filet d'eau qui va tomber goutte à goutte dans le récipient. En un mot, voici par quelle sorte de mécanisme on obtient cette eau.

Le roseau, qui plonge dans la terre à un endroit où se trouve quelque petite source invisible à la surface du sol, mais dont les indigènes savent reconnaître la présence d'après la nature du terrain, joue le rôle de corps de pompe. Le liquide, aspiré par la bouche, extrait du sol humide et filtré par les herbes, monte lentement dans celle-ci Alors la femme, entrouvrant les lèvres sur le côté, laisse suinter l'eau sur le brin de paille qui la dirige vers l'œuf.

L'humidité amollit un peu le sol et l'empêche de se crevasser ; son ton est peut-être aussi légèrement plus sombre que celui des terres environnantes.

Malgré ces indices, auxquels les habitants de la contrée ne se trompent jamais, je n'engagerai pas les voyageurs à se fier à leur connaissance des renseignements que je viens de donner pour découvrir une source. Ces renseignements ne suffisent pas ; il faut avoir une sorte de flair, d'intuition de la chose, une sorte de communion de l'homme avec le sol, qu'on ne peut avoir qu'à la condition d'être né dessus et d'y avoir grandi.

C'est dommage, car l'emploi de la primitive pompe des Boschimans pourrait devenir un excellent exercice de patience rafraîchissante pour les explorateurs européens.

Nous faisons nos adieux aux propriétaires du kraal et nous nous enfonçons dans le désert.

Le paysage devient de plus en plus sec. Nous commençons même à avoir à franchir de grands espaces d'un caractère complètement désolé.

Nous n'avions eu, jusqu'à présent, que la sensation de pampas, nous avons maintenant celle d'un véritable désert.

Les herbes roussies se courbent tristement, nous présentant un immense tapis d'un jaune brun. Quelques arbres étiques, aux rares feuilles ratatinées et pendantes, montrent leurs silhouettes lugubres à de longs intervalles. Un calme effrayant, sous un ciel de plomb, augmente encore l'aspect désespérant de cette nature anéantie, où tout semble dormir lourdement du sommeil de la mort.

La rareté de l'eau commence à se faire sentir d'une manière intolérable. Celle que nous conservons pour nous dans notre chariot est chaude et insipide. Quant à notre attelage, en dépit de la bonne volonté et des efforts de nos hommes, il en manque quelquefois complètement durant plusieurs étapes.

Chose cruelle, qui établit une certaine ressemblance entre ces pauvres animaux et le mythologique Tantale, depuis quelques jours, des salines, situées à une grande distance sur notre droite, enfantent un phénomène de mirage qui leur fait voir sans cesse une nappe liquide à l'horizon. Plus ils avancent, plus cette eau tant désirée s'éloigne.

Je comprends l'exaspération de nos bêtes ainsi mystifiées. La plaisanterie dure un peu trop.

Et puis il faut avouer que le moment est vraiment mal choisi.

Aussi nos bœufs protestent-ils à leur façon en brisant leurs liens et en se précipitant comme des fous dans la campagne, à la poursuite du liquide qu'ils sont destinés à ne jamais atteindre. Il est quelquefois impossible de les rattraper. Nous avons perdu ainsi quatre bêtes en quinze jours. Si cela continue il nous faudra nous atteler nous-mêmes au chariot.

Mais un d'entre nous vient de recevoir quelques gouttes de pluie, quelques gouttes destinées sans doute à une autre contrée et tombées ici par erreur. Peu importe ! nous sommes dans la joie.

L'hiver ! l'hiver ! ces gouttes sont pour nous les signes avant-coureurs de l'hiver, c'est-à-dire de l'eau.

Ce brigand d'hiver, nous devrions déjà le posséder. Mais il est très en retard cette année. Avez-vous remarqué que, dans les pays où il est désagréable, il est toujours en avance. Eh bien ! si vous l'avez remarqué comme moi, dites-vous bien, comme je me le dis en ce moment, que notre remarque n'a pas le sens commun et ne tient qu'aux impatiences de notre imagination.

Nous trouvons quelques petites mares sur notre chemin depuis deux jours ; nous avons même rencontré un faible ruisseau que nos bêtes ont mis à sec en trois minutes. L'herbe et les arbres commencent à reparaître. Le moment des grandes épreuves est passé.

Nos bœufs, qui ont si vaillamment lutté contre le malheur, semblent incapables de résister à la force de leur joie.

En voici un qui s'affaisse lourdement. Il rejette sa tête de côté, un frisson parcourt tout son corps, puis ses pattes se raidissent et tout est fini pour lui. C'était le plus courageux. Comme la jument de Roland, il avait toutes les qualités. Sa ressemblance est complète maintenant qu'il a contracté son unique défaut.

Cela paraît contagieux. Un camarade de l'attelage plie les jambes de devant et, après s'être étendu sur le sol, ne tarda pas à imiter son compagnon.

Nos guides hochent gravement la tête et se lancent des regards qui indiquent assez que la situation est très triste.

L'un d'eux vient à nous et nous explique

que nos bêtes ont été piquées par le *tsétsé*, cette terrible mouche d'Afrique dont la piqûre venimeuse entraîne fatalement la perte de l'existence chez les bœufs, les vaches, et les chevaux.

Quand un animal est piqué par le *tsétsé* ses regards prennent un air effaré ; ses mouvements deviennent bizarres et incohérents, il s'affaiblit peu à peu ; il y a dans toute sa personne quelque chose de douloureux et de résigné qui annonce un mal mortel.

En effet, la bête ne tarde pas à maigrir dans des proportions chaque jour plus constatables, jusqu'au moment où, le sang étant complètement vicié, elle tombe pour ne plus se relever.

La mouche *tsétsé* est plus grande que la mouche ordinaire, sans l'être autant que l'abeille. Elle est d'une couleur terne, et le dessous de son corps est strié de raies jaunâtres. C'est à l'aide d'une trompe aiguë qu'elle fait pénétrer son venin sous la peau des animaux qu'elle empoisonne.

La présence de ce maudit insecte nous prive d'un certain nombre de nos bêtes de trait ;

mais nous lui pardonnons presque ses ravages par la certitude qu'il nous annonce d'une façon certaine le terme prochain de notre marche vers le nord.

Puisque le *tsétsé* est là, le lac Ngami ne doit pas être bien éloigné.

Les *tsétsés* ne se répandent pas partout en Afrique; ils vivent dans certains endroits seulement et n'en sortent jamais. Le lac Ngami est un de ces points, peu favorisés, où ces mouches pullulent. Ses environs en sont infestés. C'est une véritable plaie qui empêchera bien longtemps la civilisation de prendre possession de ces lieux.

Ce matin, au moment où le soleil se lève, nous apercevons devant nous, à une certaine distance, une nappe liquide qui en reflète les premiers rayons et fait l'effet d'un gigantesque miroir.

Le lac! le lac!

Le voilà donc ce lac qu'aperçut pour la première fois Livingstone le 29 juillet 1849, ce lac tant désiré après lequel nous aspirions depuis de longues semaines; nous l'avons devant nos yeux; encore quelques pas et nous serons près de ses eaux bienfaisantes.

Adieu souffrances, fatigues excessives, nuits sans sommeil, journées brûlantes! adieu! voilà le lac, tout est oublié!

Le lac Ngami occupe une grande surface de terrain; mais il est peu profond et ses bords sont plutôt des marais que les contours d'un lac proprement dit. Il faut aller à une distance considérable du rivage pour pouvoir manœuvrer une pirogue à l'aviron. A

certaines époques de l'année, les roseaux empêchent les bestiaux de pouvoir se désaltérer dans l'eau du lac.

A l'ouest du lac Ngami, et à une faible distance de celui-ci, se présente un phénomène naturel des plus curieux. Le sol montre une légère dépression produisant une sorte de bassin sans profondeur. A l'époque des crues les rivières qui descendent vers cette dépression la remplissent en peu de temps et la transforment en une nappe d'eau d'une très grande étendue. Mais les rayons ardents du soleil ont bientôt pompé cette masse liquide, qui laisse en s'évaporant un immense tapis de sel sur le sol. C'est cette couche saline et ses voisines qui ont produit les effets de mirage dont nous avons été victimes.

La dépression s'appelle : le Makarikari. La rivière Zouga, qui la relie au lac Ngami, contrairement aux autres rivières, n'a pas d'opinion bien arrêtée sur la façon dont son courant doit se conduire. Tantôt, quand le Makarikari est trop plein, elle se dirige vers le lac Ngami ; après le dessèchement de la dépression, elle revient vers elle, lui offrant loyalement l'eau du lac pour lutter contre la sécheresse. C'est ton bien, semble-t-elle dire, j'aurais mauvaise grâce à ne pas te l'offrir lorsque tu es dans le malheur ; tu me le rendras l'année prochaine, quand tu seras plus favorisée de la fortune. Vains efforts d'une amitié touchante, le Makarikari perd plus de liquide par l'évaporation que la juste et honnête Zouga ne peut lui en fournir.

Qu'importe ! l'honneur est sauf et le devoir accompli. La Makarikari sait que si la Zouga lui tourne invariablement le dos à l'heure de la prospérité, il est sûr de la voir revenir dans les moments de détresse.

Le malheur, voilà la pierre de touche de l'amitié.

CHAPITRE IV

LES ENVIRONS DU LAC NGAMI. — NOUS ABANDONNONS LA ROUTE SUIVIE PAR LIVINGSTONE. — LES MAKOLOLOS. — RÉACTION ET GUERRE CIVILE. — VÉGÉTATION MERVEILLEUSE. — LES LIMITES DE NOTRE VOYAGE. — RETOUR VERS LE CAP. — LES CONTRÉES DU LITTORAL. — LES HOTTENTOTS. — NOTRE BIBLIOTHÈQUE PORTATIVE. — LE TYPE DES HOTTENTOTS. — LEUR LANGUE. — LEUR PAYS. — LEUR COSTUME ET LEURS COUTUMES. — LA COTE ORIENTALE DE L'AFRIQUE. — LE TRANSVAAL. — LA RÉPUBLIQUE DU FLEUVE ORANGE. — LES BOERS. — UNE FERME. — OU L'ON RIT ET L'ON PLEURE A LA FOIS. — LA PATRIE ENTREVUE. — VIVE LA FRANCE! — UN EXCELLENT PASSEPORT. — INTÉRIEUR DE FERME. — FERMIÈRE ET FERMIERS. — UN REPAS SÉRIEUX. — LA VIE DES BOERS. — L'ÉLÈVE DES TROUPEAUX. — LA LAINE — DU BEURRE MAIS PAS DE FROMAGE CHEZ DES FILS DE HOLLANDAIS. — UN PAYS ADMIRABLE PRODUISANT UNE CRAINTE PARFAITEMENT JUSTIFIÉE. — SERVITEURS INDIGÈNES. — TERRAINS CONCÉDÉS A CEUX-CI — ADIEUX AUX FERMIERS QUI NOUS ONT REÇUS. — HONNEUR DES BOERS. — LA CAFRERIE. — LES CAFRES. — COSTUMES ET ARMES. — UNE DERNIÈRE VISITE A LA VALISE DES LIVRES. — TYPE CAFRE. — LANGUE. — UN KRAAL. — LA MAISON DU CHEF ET LA MANIÈRE DE PROTÉGER LES BESTIAUX. —

LES FORTIFICATIONS DE CES VILLAGES. — MOYEN DE SE PROCURER UN FUSIL. — ESPRIT COMMERCIAL DES ANGLAIS. — UNE PLAISANTERIE CAFRE. — LES CAVERNES DES BASSOUTOS. — RÉSUMÉ DE NOTRE VOYAGE A LA DÉCOUVERTE A TRAVERS L'AFRIQUE AUSTRALE. — UN MOT D'ADIEU AUX JEUNES LECTEURS QUI ONT BIEN VOULU NOUS SUIVRE.

Les environs du lac Ngami méritent d'être visités et nous ne voulons pas quitter ses bords sans avoir consacré quelques jours à les parcourir.

La contrée que nous traversons présente des alternatives de fertilité et d'aridité. Tout cela dépend de la présence d'un cours d'eau si petit qu'il soit. Sur les rives du lac, où le sol arrive presque partout en pente douce, la végétation se montre fort belle de notre côté.

Plus nous avançons, plus nous sentons que nous nous rapprochons des régions si heureusement partagées où coule le Zambèze.

Mais nous ne tenterons pas d'avancer jusqu'à ce fleuve admirable, le pays n'étant pas praticable actuellement.

Arrivés vers le nord du lac Ngami, nous sommes forcés d'abandonner la route suivie par Livingstone. A la place des Makololos dont un chef, ami du commerce et des Européens, fut si utile au célèbre docteur, des peuplades bien disciplinées, que ce sauvage de génie avait rendues amies de la civilisation, se trouvent des tribus hostiles à toute relation avec nous. Ces tribus très sanguinaires sont en guerre permanente entre elles. Le pays que le grand chef Sébitouané avait voulu ouvrir au commerce, après une période de grandeur sans autre exemple en Afrique, voit commencer l'ère de son moyen-âge.

Les Makololos n'ont jamais été une nation dans le sens exact du mot, Des guerriers cafres venus des environs de Natal sous la conduite de Sébitouané, après des luttes et des pérégrinations qui demandent un Homère pour en tirer une Iliade et une Odyssée, s'étaient rendus maîtres de diverses tribus Betjouanas établies sur le cours du Haut-Zambèze. Ils y avaient constitué une véritable aristocratie, forçant les vaincus à cultiver leurs terres et à recevoir leurs lois.

Les femmes des Makololos, chose des plus rares en Afrique et provenant d'un état social tout spécial, vivaient dans l'oisiveté. Les hommes se distinguaient de leurs vassaux par des habitations mieux conditionnées, par des tuniques de couleurs voyantes achetées à des marchands étrangers, une couronne faite de plumes d'autruche, une crinière de lion ou, plus simplement, une queue de bœuf blanche. Ils faisaient porter leurs armes par des écuyers et se contentaient de tenir à la main un bâton fait de corne de rhinocéros.

Des idoles grossièrement sculptées montraient une certaine tendance artistique. Celles que l'on rencontrait le plus fréquemment consistaient en un pieu de bois ayant un bout découpé en forme de tête.

Ce sont les peuples vaincus qui se sont révoltés contre l'aristocratie des Makololos. Une nuit, ils en ont assassiné le plus grand nombre. Ceux qui avaient pu se sauver ont été exterminés dans un combat qui a eu lieu en janvier 1878. Depuis ce temps les vainqueurs se déchirent entre eux.

Nous ne sommes pas en présence de tribus

ayant vaillamment reconquis leur indépendance, ce qui serait légitime et même louable; mais en face d'ambitions opposées de petits tyrans locaux incapables et cruels. Ce n'est pas une révolution qui a entraîné la chute des chefs Makololos, c'est une réaction.

Tant qu'il s'est agi d'attaquer l'adversaire commun, ami du progrès, tous les partis amis du passé se sont entendus ; maintenant que l'ennemi est à bas, chacun prétend à la suprématie et fait appel aux armes pour arriver au pouvoir à l'aide de la guerre civile.

Les campagnes que nous parcourons sur les limites de l'ancien pays des Makololos deviennent de plus en plus riches en végétation. L'herbe finit par acquérir des proportions prodigieuses. Nos animaux en sont quelquefois effrayés. Des forêts commencent à se montrer de plus en plus nombreuses. Elles deviennent tellement épaisses que nous ne pouvons y pénétrer qu'en nous frayant un chemin à l'aide de la hache.

La variété des plantes y est extraordinaire. Des lianes courent d'un arbre à l'autre en formant d'interminables festons. Dans les creux de terrain nous trouvons des petites mares, et, chose plus nouvelle pour nous, nous rencontrons des rivières dont quelques-unes ont jusqu'à six mètres de large sur un de profondeur. Des figuiers de l'Inde, des dattiers sauvages, des palmiers nous garantissent des ardeurs du soleil. La végétation ne fait que grandir à mesure que nous touchons au terme de notre voyage dans le sens du septentrion.

Notre voyage nous a fait visiter jusqu'à présent les terres du centre de l'Afrique australe. Nous avons fait connaissance avec les populations de cette contrée. Il ne nous reste plus qu'à revenir au cap de Bonne-Espérance, en parcourant les pays situés sur les côtes de l'Atlantique et de l'Océan Indien.

Nous commencerons par la côte occidentale ; mais avant de pénétrer chez les Hottentots, asseyons-nous sous un arbre et, selon notre habitude, faisons une petite visite à notre bibliothèque portative.

« Le type hottentot, nous dit le Dr Topinard, aujourd'hui relégué à l'extrémité de l'Afrique australe, remontait jadis jusqu'au dixième degré de latitude sud pour le moins ; les noms géographiques de la Cafrerie sont encore hottentots. Il comprend les Hottentots de la colonie, bien supérieurs aux Australiens par leur intelligence, les Korannas, les Namaquois, les Gricouas et les Boschimans. Nous aurons en vue spécialement les trois derniers.

« Les Hottentots, ou Koï-koin, ont la peau d'un jaune-brun ou gris ; ce caractère présente fort peu de variations. Leurs cheveux noirs, longs, laineux et insérés obliquement par très petites touffes, les rapprochent des Papous (naturels de la Mélanésie). Leurs pommettes saillantes, grosses et écartées, et leurs fentes palpébrales (fentes des paupières), petites et obliques, rappellent d'autre part les races chinoises ; leurs yeux sont châtain foncé ou noirs et très écartés. Leur capacité crânienne est de 1290 (Broca), c'est-à-dire de 82 centimètres cubes de moins que chez les Nègres occidentaux. Leur front étroit est élevé et souvent bombé à la hauteur des fosses frontales. Leur nez est affreusement épaté, leurs narines sont grosses, très divergentes et découvertes de face... Leur bouche est grande et munie de lèvres fortes, saillantes et retroussées. Leur menton est pointu, quoique supporté par une mâchoire fuyante. Leurs oreilles sont grandes et sans lobule (partie inférieure de l'oreille que nous perçons pour mettre des boucles d'oreilles).

» Les Hottentots sont peu barbus et ont la peau glabre. Leur taille est au-dessous de la moyenne, du moins dans les trois tribus en question (Namaquois, Griconas, Boschimans), les Korannas étant un peu moins petits, ce qui peut tenir à un croisement avec les Cafres. Leurs jointures sont grosses, quelques-uns ont les pieds larges et forts, mais la majorité les ont assez petits ainsi que les mains. Les uns sont frêles, les autres trapus et bien musclés...

» Le type des Hottentots est d'ailleurs sans unité ; on dirait une agglomération d'anciennes races refoulées dans cette extrémité de terre. »

La linguistique nous dit d'un autre côté : L'origine de la langue hottentote n'est guère plus connue que l'origine de ceux qui la parlent; cependant on croit pouvoir admettre, jusqu'à plus ample informé, qu'elle ne se rattache à aucun autre idiome et a une existence propre. Les tentatives pour la rapprocher de l'ancien égyptien n'ont pas réussi.

On divise la langue des Hottentots en trois dialectes : le *nama*, le *kora* et le *hottentot du Cap*.

Le hottentot du Cap disparaît chaque jour et il n'en sera bientôt plus question. Les Hottentots auront leur langue morte, comme nous avons le latin et le grec; mais comme ils ne possèdent pas de collèges consacrés aux études classiques, le pauvre dialecte risque fort de ne pas passer à la postérité, même sous forme de thème.

Ajoutons, comme fiche de consolation, qu'aucune littérature n'est exposée à disparaître avec cette langue, ce qui rend sa perte moins sensible. Seuls les linguistes auront à se plaindre.

Le *kora*, que l'on parle encore un peu dans les régions du Vaal, semble vouloir imiter son collègue ; lui aussi meurt lentement, sans essayer de résister aux idiomes envahissants qui s'emparent chaque jour de son patrimoine. On dirait qu'il sent que la lutte est matériellement impossible. C'est égal, on aimerait mieux avoir à enregistrer une belle défense, quelles qu'en dussent être les conséquences. Il est beau de ne céder le terrain que pied à pied et de périr sur le champ de bataille, la face tournée vers l'ennemi et les armes à la main. Le *kora*, lui, meurt tranquillement dans son lit, ne rappelant en rien l'héroïsme des populations qui le parlaient. Ne doit-on pas voir là le signe certain de la fin d'une race ou tout au moins d'une division de cette race ?

C'est par le croisement que cette race pourra se renouveler, si nous en croyons M. de Quatrefages. « Au Cap, écrit-il, le croisement du Hollandais et du Hottentot avait donné naissance à des métis appelés Basters, qui devinrent bientôt assez nombreux pour inspirer des craintes. On les bannit au-delà de l'Orange. Ils s'y sont constitués sous le nom de Gricouas et leur population s'accroît rapidement. (Nous avons traversé leur pays et nous les connaissons de *visu*). Une partie restée dans la colonie forme des villages, entre autres celui de la Nouvelle-Platberg. Les Basters s'unissent entre eux et les voyageurs signalent la fécondité de ces unions. »

Le *nama* a encore une grande importance, car plus de vingt mille individus le parlent. Il s'étend du fleuve Orange jusqu'au-delà du tropique du capricorne et de l'Océan atlantique au désert de Kalahari.

Ces renseignements pris, mettons-nous en route pour le pays des Namaquois, les Hottentots des bords de l'Atlantique. Nous ne ferons que pousser une pointe dans cette contrée, car il nous faudra revenir bientôt visiter la côte orientale de l'Afrique australe, par où nous retournerons au Cap.

Sur les limites du désert de Kalahari nous apercevons des rangées de hauteurs parallèles, d'un aspect sauvage, rappelant les chaînes des monts du Cap que nous avons traversées avant de passer l'Orange.

C'est au milieu de ces montagnes, sur les quelques terres basses que présente la côte et dans les plaines du Kalahari qui viennent mourir aux pieds de ces chaînes que vivent les Hottentots.

On ne peut s'aventurer dans cette contrée qu'avec les plus grandes difficultés et en courant les plus grands dangers.

Nous nous contenterons de visiter quelques tribus. Le costume des Hottentots est des plus simples et des plus primitifs. Une peau de bête féroce comme le lion, de bête inoffensive, comme la gazelle, ou même de bête domestique, comme le mouton, en fait tous les frais, avec cette graisse mélangée d'ocre, dont nous avons déjà eu occasion de parler à propos des Betjouanas.

Les Hottentots vivent de la chasse, à laquelle ils se livrent avec ardeur, et de l'élève de troupeaux de buffles apprivoisés et de chèvres. Les antilopes, les autruches et les buffles sauvages sont leurs proies habituelles.

Ils ont toutes les qualités qui font les chasseurs : un flair surprenant, une agilité remarquable, une patience à toute épreuve et des yeux auxquels rien n'échappe.

Leurs armes ordinaires sont les flèches et une massue qu'ils affectionnent beaucoup.

Grand chanteur et grand danseur, ami de tout ce qui fait du bruit ou produit du mouvement, le Hottentot se livre le plus qu'il peut à des pantomimes fantastiques soutenues par une musique diabolique pour toute oreille un peu européenne.

Il danse en gardant ses troupeaux, il danse le soir avec les amis de son village, il danse durant toutes ses fêtes. En somme, toute occasion lui est un prétexte à danser qu'il se garde bien de laisser passer. Sa vie est une danse perpétuelle.

Ces hommes, comme les félins, semblent plutôt faits pour le saut, le bond, que pour la marche. Ils vivent autant en l'air que sur le sol.

Parmi les coutumes bizarres de ces naturels, il faut citer celle qui consiste à faire asperger d'eau bouillante et sale, par un magicien, les jeunes gens qui aspirent à contracter un mariage. Pas de bonheur conjugal possible sans ce baptême peu ragoûtant, qui semble symboliser l'état d'ordure dans lequel s'écoulera leur vie et qui caractérisera surtout leur ménage.

Peut-être aussi cette eau ignoble signifie-t-elle qu'il est impossible de rendre un Hottentôt plus sale qu'il n'est, quel que soit le procédé employé.

Toujours est-il que les jeunes mariés ne se trouvent nullement indisposés sous cette averse d'un nouveau genre, et témoignent même du plaisir qu'ils prennent à la recevoir par leurs sauts et par leurs cris qui ont la prétention d'être d'une gaîté folle.

Du reste, le futur époux est préparé à l'opération par une première innitiation subie à l'âge de dix-huit ans, alors qu'il a passé de la catégorie des adolescents dans celle des hommes faits. L'eau chaude et sale a présidé déjà à ce passage. Il paraît qu'il s'est bien trouvé de l'aspersion puisqu'il la renouvelle.

Le proverbe dit avec raison qu'il ne faut pas disputer des goûts et des couleurs.

Les femmes hottentotes sont bien plus mal faites que leurs maris. On observe chez elles ce développement exagéré des parties graisseuses du bas des reins dont nous avons déjà signalé la présence désagréable chez les femmes des Boschimans.

Les Hottentots ne permettent aux femmes veuves de se remarier qu'à de certaines conditions qui ne laissent pas que d'être assez désagréables. La veuve qui veut prendre un nouvel époux est forcée de se faire couper une phalange d'un doigt.

On s'explique les hésitations.

Il est vrai que ce sacrifice pourra prouver au nouveau mari combien est grande l'affection de sa femme. Ce doigt coupé est toujours là pour en rendre témoignage.

Cela n'empêchera pas la malheureuse d'être assimilée aux bêtes de somme, le lendemain même de son nouvel hymen.

Pour les Hottentots, du reste comme pour la plupart des peuples primitifs, la femme n'est pas autre chose.

A l'homme la chasse et la guerre, aux femmes toutes les autres occupations. Elles vont arracher les racines qui serviront à la nourriture commune ; elles construiront les cabanes lorsqu'on arrivera à un campement ; en attendant, elles portent tous les fardeaux qu'un déménagement motive. Elles se traînent exténuées, les enfants pendus après elles. Les hommes, eux, avancent fièrement chargés seulement de leurs armes.

Maintenant, si vous le voulez bien, nous allons abandonner les misérables Hottentots à leur triste sort, et nous diriger vers l'Est.

Là, nous trouverons des populations plus intelligentes et plus dignes de nous arrêter. A côté des États fondés par les Boers, nous rencontrerons la race intelligente, et si bien douée sous tant de rapports, des Cafres. Le pays se montrera aussi moins désolé que celui que nous parcourons.

Peut-être est-ce à cette désolation qu'il faut attribuer l'état d'infériorité des êtres qui l'habitent. Qui sait ce qu'ils auraient été dans des conditions meilleures de développement ? C'est un secret que l'avenir nous révèlera peut-être.

Du côté de l'océan Indien, nous rencontrons d'abord, à l'Est de la contrée habitée par les Betjouanas, les États du Transvaal et du fleuve Orange.

Le Transvaal, qui se trouve le premier sur

notre route, est situé entre le Vaal et le Limpopo, qui lui servent de frontière au Nord et au Sud. Du côté de l'Orient, deux chaînes de montagnes le séparent des colonies portugaises du littoral et des Cafres. Cet État, fondé jadis par des colons hollandais, a été annexé il y a peu de temps à la colonie anglaise du cap de Bonne-Espérance. Les fermiers hollandais qui avaient créé cet État, comme celui du fleuve Orange, l'avaient fait pour échapper à la domination de ces mêmes voisins qui viennent de s'imposer à eux. Les émigrants boers qui reculaient devant les fils de la Grande-Bretagne se fixèrent d'abord dans la contrée où se développa la République libre du fleuve Orange. Mais en 1848, après la bataille de Boomsplatts que les Anglais gagnèrent, les vaincus, qui ne voulurent pas se soumettre, passèrent le Vaal et se proclamèrent en République, fondant un nouvel État à côté de celui que la chance des armes venait de leur ravir. Ils élurent pour président, leur chef Prétorius, homme d'une grande intelligence à qui le nouveau pays dût de devenir en peu de temps extrêmement florissant. Au bout de quelques années, en 1854, les Anglais renonçaient à leurs prétentions sur un pays qu'ils avaient bien pu conquérir, mais qu'il paraissait moins facile de conserver, et la République libre du fleuve Orange reçut sa constitution. Ils avaient voulu éviter la présence d'un État aux portes de leur colonie et ils en avaient deux maintenant. Le résultat de leur victoire avait été la formation du Transvaal.

Le Transvaal est un pays sain et fertile. Quelques-unes de ses parties sont à une certaine altitude, d'autres, les moins favorisées, sont basses et humides. Mais somme toute, il y a là une belle contrée ouverte à la colonisation. Les Européens n'ont pas à se plaindre du climat. Le Transvaal est un des points de l'Afrique promis à la civilisation.

Les Boers de l'Orange et du Transvaal vivent avec leurs familles dans des fermes assez éloignées les unes des autres.

Autour des habitations, et leur formant comme une ceinture, se trouvent les vergers et les champs, les terres cultivées. Entre ces terres s'étendent d'immenses prairies ou des bergers Cafres font paître les troupeaux des fermiers.

Ces belles campagnes nous font vite oublier les solitudes âpres et tristes du Kalahari, les paysages mornes et désespérés du pays des Hottentots. Ici tout est fraîcheur et verdure.

A chaque minute nous croisons des bergers suivant leur troupeau.

Il faut venir comme nous des lieux déserts que nous quittons à peine pour comprendre tout le plaisir que peut procurer l'image de l'activité humaine : un homme qui cultive son champ, une femme qui se livre à quelque travail de couture, un conducteur d'animaux qui passe en fredonnant une mélodie gutturale et plaintive.

Nous sommes sur le territoire de la République du fleuve Orange.

Un mur apparaît, il vient s'arrêter brusquement sur le bord de la route ; une grille longe celle-ci et permet d'entrevoir une habitation n'ayant qu'un rez-de-chaussée, mais d'une propreté, d'une coquetterie qui nous font songer involontairement aux chaumières si fraîches et si calmes de notre belle France.

Nous avons tous les larmes aux yeux. C'est quand on est à plusieurs milliers de lieues de son pays qu'on en comprend bien tout le charme. On ne peut se le rappeler sans un attendrissement profond. Nul ne songe à dissimuler les pleurs qui coulent le long des joues. On ne craint pas d'avoir l'air ridicule. Loin de là, on éprouve le besoin de tenir un compatriote contre son cœur, on se jette dans les bras les uns des autres; on se serre les mains à les briser; on rit, on suffoque, on dit des bêtises, on perd la tête, on est heureux. Alors un cri énorme vous monte de la poitrine, et le chapeau levé on lance à pleins poumons le salut formidable : Vive la France !

Nous frappons à la grille. Une jeune femme à la figure franche, aux traits un peu durs, mais empreints d'une grande cordialité, vient nous ouvrir.

Notre exclamation nous sert auprès d'elle. Si les Boers ont horreur des Anglais, nous avons déjà été à même de constater que nos compatriotes avaient toutes leurs sympathies.

On pourra dire tout ce que l'on voudra sur les défauts de notre nation; mais ce qui prouve que nous valons mieux qu'on ne le dit généralement, et que nous ne voulons peut-être le paraître, en grands enfants que nous sommes, c'est que le titre de Français est presque toujours un excellent passeport à l'étranger.

Un petit jardin précède l'habitation. Le maître de la maison ne doit pas aimer les pertes de place, car on y a planté des légumes. Cependant les goûts de la femme y sont cependant représentés par un petit espace admirablement entretenu où quelques fleurs se montrent discrètement.

Dans une grande pièce bien claire et où un feu de bois pétille et chante, perdu au centre d'une haute cheminée, nous trouvons le couvert mis.

Le père de famille va donc bientôt venir. On nous convie à l'attendre. Il est allé visiter ses terres le matin et ne peut tarder maintenant. La ménagère cause avec nous, tout en préparant le repas.

Quelle bonne odeur a cette cuisine !

Mais voici le fermier. Son chien arrive en bondissant et nous annonce son maître par ses aboiements. Ce dernier se présente sur le seuil de la porte escorté de deux solides gaillards qui doivent être ses fils.

C'est un beau vieillard que l'âge parvient à peine à courber. Il nous salue gravement et une fois notre présence expliquée, nous demande de partager son repas.

Personne ne songe à faire des façons. Songez donc ! un repas ! un vrai repas ! offert à des gens qui ne se sont pas assis à une table depuis plusieurs mois, qui ont vécu de viande séchée, bu de l'eau chaude, avalé du pain rassis préparé à la graisse, qui ont même mangé des sauterelles comme de vulgaires Boschimans.

Une soupe qui fume quand on soulève le couvercle de la soupière ; des viandes qui nagent dans une sauce qui fume, elle aussi, et a un fumet...., des légumes incontestables et du pain méritant vraiment son nom. C'est à ne pas y croire. Et cependant nous mangeons de tout cela, nous en redemandons pour plus de certitude et l'on nous en redonne. Décidément c'est sérieux.

L'appétit finit par se calmer et l'on cause.

Le vieillard nous parle de notre pays. Il le connaît par les livres et nous étonne en nous prouvant qu'il le connaît mieux que nous.

Nous pourrions le consulter au besoin. Mais nous préférons obtenir de lui quelques renseignements sur le sien.

Il nous raconte son existence qui peut donner une idée de celle de tous les autres fermiers des états de l'Orange et du Transvaal.

— La contrée est bonne, nous dit cet homme, et fait vivre ceux qui veulent la cultiver. Chaque Boer a ses terres qui ont souvent 12 et 1,500 hectares d'étendue. Il y vit avec sa femme et ses enfants dans la maison bâtie par ses pères. Un fils se marie-t-il, on lui élève une maison sur la propriété paternelle. Il donnera bientôt naissance à un nouveau centre de famille, à un nouveau foyer autour duquel les enfants viendront encore se grouper jusqu'à ce qu'ils imitent aussi leur père.

L'élève du bétail est la principale occupation du Boer. Il améliore les races et est déjà arrivé à des résultats assez importants. Il y a quatre races de bœufs : une qu'il a importée du Cap, une toute petite provenant du Zoulouland, une introduite par les Frisons et une dernière due au croisement. Les moutons viennent bien et fournissent, en dehors de la viande de boucherie, de la laine dont on fait un important commerce. Les chevaux souffrent de l'humidité des pâturages et il est assez difficile de les acclimater. Les troupeaux sont remisés chaque soir dans d'immenses étables. Les femmes des Boers font avec le lait du beurre excellent, mais la fabrication du fromage est inconnue dans le pays.

La chose est curieuse à constater chez des gens dont l'origine est hollandaise.

Les plantes d'Europe réussissent aussi bien que les plantes tropicales. Les céréales sont d'un excellent rapport. Il y a dans la contrée d'immenses forêts que l'on pourrait exploiter, malheureusement les moyens de transport font défaut.

En somme il y a là un terrain admirable pour la colonisation et les Boers restés libres ont raison de redouter les envahissements de leurs voisins les Anglais. Un jour ou l'autre ils seront fatalement absorbés.

Les Boers permettent à un certain nombre de Cafres de se fixer sur leur territoire. Ils savent tirer le meilleur parti de ces auxiliaires intelligents pour leurs exploitations agricoles.

Cependant, comme une révolte de ces naturels, dépossédés du sol qui constituait autrefois leur pays, est toujours à craindre, il n'est permis à chaque fermier de ne donner asile sur ses terres qu'à un certain nombre de travailleurs de couleur. Leur chiffre ne peut pas s'élever au-dessus de huit ou dix.

On leur assigne aussi certains emplacements où ils cultivent, pour leur propre compte, du maïs, de la canne à sucre, de l'orge, du blé, etc.

Disons adieu aux braves fermiers qui ont bien voulu nous offrir une si cordiale hospitalité. Souhaitons prospérité et bonheur à leur modeste foyer. Souhaitons-leur aussi de conserver longtemps la liberté pour laquelle eux et leurs compatriotes ont lutté avec tant de courage. Espérons qu'ils ne seront pas forcés de renouveler leur émigration des anciens jours.

Rappelons-nous que nous serions mal venus à reprocher aux Boers la rudesse de leur esprit et de leurs habitudes. Quoi qu'il arrive, ce sera toujours eux qui auront eu les premiers l'honneur de faire pénétrer notre civilisation au sein de l'Afrique du Sud.

Franchissons les monts qui nous séparent des Cafres.

La Cafrerie est une contrée bien arrosée,

couverte en grande partie de vastes pâturages où paissent d'énormes troupeaux. De belles forêts entretiennent l'humidité relative à laquelle elle doit sa fécondité. Il faut ajouter, du reste, que, grâce à sa conformation physique, elle est bien moins exposée aux sécheresses que le Cap. Les forêts de ce pays présentent un enchevêtrement de lianes et de cactus produisant des fourrés épineux impénétrables pour tout autre que les Cafres, qui, eux, savent s'y faufiler en rampant et y trouvent des cachettes admirables lorsqu'ils guettent leurs ennemis, des refuges assurés quand ils sont forcés de battre en retraite.

Le territoire des Cafres proprement dits s'étend le long de la mer des Indes, au Nord-Est de la colonie du Cap de Bonne-Espérance. Les Anglais qui possèdent dans cette contrée Natal, État dominé primitivement par les Hollandais, rendent pleinement justice à ces vaillants sauvages. Les officiers de la Grande-Bretagne, qui les connaissent pour avoir eu à soutenir contre eux des luttes sanglantes, les ont baptisés du nom de *magnifiques sauvages*. Il n'y a pas encore bien longtemps que les Zoulous ont donné des preuves de leur audace et de leur intelligence militaire.

Les Cafres, braves, rusés, pleins d'énergie et de patience, sont et veulent être, avant tout, une race guerrière. Des exercices répétés et qui occupent une partie de leur existence, les préparent à la guerre. Ils ont pour arme défensive un bouclier de peau de bœuf, de formes différentes dans les diverses tribus.

Derrière le bouclier se trouve une gaîne, dans laquelle le guerrier fait passer un long bâton surmonté d'une touffe de plumes noires. En temps de paix, le Cafre, devenu berger, plante le même bâton en terre, en faisant une sorte de houlette dont ne s'éloigne jamais son troupeau.

Les armes offensives sont la zagaie, le casse-tête, l'arc et les flèches. On peut voir, dans la galerie ethnographique du *Musée d'artillerie* de Paris (aux Invalides), un Cafre-Bassouto et un Cafre-Zoulou, qui permettront d'étudier dans tous ses détails le costume de ces indigènes.

Ayons recours, une dernière fois, à notre valise des livres.

« Le type cafre, dit M. le Dr Topinard, l'une des expressions élevées du type général nègre, s'étend du Zambèze au pays des

Hottentots et de la côte de Mozambique à l'océan Atlantique. Ses tribus principales sont : sur la côte occidentale, les Damaras et les Ova Hereros (nous les avons laissés au Nord, en allant chez les Hottentots); sur la côte orientale, les Ama-Xosa, voisins de la colonie du Cap, les Ama-Zulu et les Macuas; dans l'intérieur, sur le versant occidental de la chaîne des Maloutes, les Betjouanas et Bassoutos, sur Zambèze, les Makololos. Cependant les linguistes, s'appuyant sur l'extension de la langue bantou, étendent leurs limites, d'une part vers le Congo et au-delà, de l'autre, jusqu'à la côte de Zanzibar, parmi les Souahilis. Les luttes que les Cafres ont soutenues contre la colonie du Cap et les traditions qui les font venir du Nord à une époque reculée, témoignent, en effet, de leur esprit belliqueux et de la possibilité de leur influence antérieure très au loin. Mais il n'en résulte pas qu'ils aient laissé leurs caractères physiques sur leur passage. Nous nous attacherons donc à leurs tribus du Sud les plus avérées.

» Le type cafre ressemble d'une manière

générale au type guinéen ou éthiopien, mais il est d'un degré moins bestial ; la figure est plus allongée et d'un assez bel ovale, les contours de sa tête plus heurtés, ses attaches musculaires et ses apophyses plus marquées, ses maxillaires plus volumineux. La peau présente des variétés qui oscillent autour du brun-noirâtre. Les cheveux sont épais, rudes et crépus. Le nez est épaté, les lèvres grosses. Les fentes palpébrales (des paupières) rappellent quelquefois celles des races jaunes. L'odeur qu'exhalent tous les nègres serait plus forte chez les Cafres. Leur stature est très élevée, ils sont élancés et bien pris.

» Sept crânes cafres cubés par M. Bertillon lui ont donné la capacité moyenne, énorme pour des Nègres, de 1453. »

Un chef de tribu veut bien nous permettre de visiter un village cafre.

Nous nous dirigeons donc vers le *kraal* (c'est le nom des villages fortifiés des Cafres) qui doit nous ouvrir ses portes... nous devrions dire : ses palissades, ses abattis. En effet, voici par quel chemin singulier, mais admirablement compris au point de vue de la stratégie, nous pénétrons dans la place.

Nous sommes arrivés à quelques pas de l'enceinte. Devant nous se dressent des murs épais, faits de pierres accumulées, surmontés de pieux plantés dans le caillou et reliés entre eux par des traverses.

De porte ! nous n'en apercevons pas au premier abord.

Un guide écarte des buissons et finit par nous permettre d'entrevoir une ouverture habilement dissimulée par les plantes épineuses. Nous suivons notre introducteur dans une sorte de couloir qui s'enfonce obliquement dans l'épaisseur du mur. Les ennemis qui voudraient envahir la place par de semblables ouvertures seraient inévitablement massacrés.

Le corridor est franchi, et nous voici dans l'intérieur. Partout, autour de nous, nous voyons des huttes en forme de ruche, disposées dans un ordre régulier. Celle du chef, vers laquelle nous nous dirigeons, se distingue par sa taille et par sa position au centre du village. Les huttes sont espacées. La nuit et lorsqu'il y a une alerte, les bestiaux sont parqués dans les espaces vides, à l'abri de toute agression, défendus, comme les habitants, par le mur d'enceinte.

Nous sommes étonnés du grand nombre de Cafres, porteurs de fusils, que nous rencontrons à chaque pas. Il est difficile de croire que ce soient leurs chefs qui soient assez riches pour les leur procurer.

Et, cependant, il est bien peu d'hommes en âge de porter des armes qui ne montrent avec fierté son fusil et ses munitions. Ceux qui n'en ont pas encore, et le nombre doit diminuer chaque jour, regardent les plus favorisés avec un air d'envie, comique à force d'être puissamment marqué, et qui fait bien voir quelle importance ces superbes sauvages attachent à la possession de cette arme de précision.

Voilà comment ils se procurent ces engins de guerre.

Les Cafres qui vont travailler aux mines du Griqualand Ouest paraissent n'avoir qu'un seul but: gagner de quoi se procurer un fusil, que les marchands anglais se hâtent de leur vendre sans se préoccuper le moins du monde de l'usage que ces belliqueux sauvages pourront en faire à un moment donné. La dernière guerre du Zoulouland n'a nullement modifié la manière d'agir des négociants de la Grande-Bretagne.

Peut-être profitent-ils de l'occasion pour écouler des armes inférieures ou avariées; mais leur patriotisme et leur entente des intérêts généraux de la colonie ne s'élèvent pas plus haut que ce point de vue commercial.

Quand les Cafres ont économisé la somme nécessaire pour réaliser leur rêve, ils se hâtent de dire adieu pour jamais aux mines et aux mineurs. Ils retournent chez eux.

Généralement, ils se réunissent plusieurs pour faire le chemin. Leur voyage, fait de nuit, avec des étapes dont un Cafre seul est capable, dure souvent un mois et plus. A leur arrivée aux mines, ils sont maigres et à moitié morts de fatigue. C'est un plaisir de les voir se remplumer.

Quand ils partent ils sont superbes. Qui peut dire dans quel état ils seront lorsqu'ils reverront leurs foyers. Mais qu'importe! les soucis sont loins; ils ont un fusil et des munitions. On les admire, on les fête. Quel est le jeune compatriote qui ne brûle de les imiter?

On nous parle de cavernes qui sont la curiosité du pays des Bassoutos. Nous sommes trop près pour ne pas nous détourner un instant de notre chemin et aller leur rendre une visite.

Le chef cafre qui a bien voulu nous laisser visiter son kraal, nous offre quelques-uns de ses sujets pour nous accompagner dans notre expédition.

Au moment du départ, il nous dit d'un air à la fois spirituel et mystérieux :

— Je vous prie de croire, Messieurs, que nous ne sommes jamais allés dans le pays où vous allez, et que vous ne nous devez nullement le spectacle qui vous attend.

Notre visite nous éclaire sur le sens de ces paroles.

La curiosité du pays des Bassoutos, ce sont des cavernes de cannibales, horribles à voir. Nous pénétrons dans une de ces cavernes. Ce ne sont partout autour de nous que crânes et os brisés amoncelés. Sur ces ossements on peut voir les traces de coups de hache. Les murs de la caverne sont couverts de fumée. Il y a à peine trente ans, des tribus entières de Bassoutos se livraient au cannibalisme.

Maintenant ces mœurs affreuses ont presque totalement disparu ; mais on rencontre à chaque pas des vieux sauvages qui, s'ils le voulaient, pourraient en dire long sur les singuliers festins de leur enfance. Du reste le nombre des cavernes et la quantité de débris qu'elles contiennent parlent assez haut par eux-mêmes.

Nous quittons ces lieux abominables et nous nous dirigeons vers Port-Natal, où nous trouverons un navire qui nous ramènera au cap de Bonne-Espérance.

Nous ne dirons rien du territoire de cette colonie, car nous ne pourrions que répéter ce que nous avons écrit à propos du pays des boers.

Sa population est composée, moitié de colons hollandais, moitié d'anglais. On y compte aussi un certain nombre d'Allemands.

La position de Natal lui assure un avenir prospère. C'est vers ce port que doivent fatalement converger toutes les marchandises des boers de l'intérieur. Il est appelé à présider à toutes leurs transactions commerciales. De plus, c'est vers l'Est que se portent tous les efforts de colonisation tentés dans l'Afrique australe.

Au centre, le désert de Kalahari se présente comme un obstacle pour longtemps encore invincible. A l'Ouest, le pays des Hottentots est peu attrayant et ne promet pas grand' chose. De plus sa côte n'est guère favorable à l'établissement d'un port quel qu'il soit.

Le résultat de tout cela, c'est que l'indépendance des pauvres Boers est fort compromise.

Espérons que ceux qui sont appelés à les absorber apporteront sur la terre d'Afrique une civilisation supérieure à la leur et permettront aussi à une civilisation indigène de se développer, ce que Livingstone reproche aux anciens Hollandais de ne pas favoriser.

Nous avons vu que les Cafres étaient susceptibles de grands progrès. Ce sont eux qu'on devra utiliser comme pionniers dans toute tentative de colonisation. Il faudra en faire, autant que possible, l'avant-garde des Européens dans l'Afrique du Sud.

Entrée d'un kraal. (Page 141.)

Mais, pour en arriver là, ce n'est pas des fusils qu'il faut leur vendre ; ce n'est pas la guerre qu'il faut leur faire.

Pourquoi accuser les Boers d'opprimer les Cafres, si l'on doit imiter.

M. de Quatrefages dit des Cafres zoulous : « Ils se distinguent des autres races de l'Afrique par bien des caractères. Mais, par ces caractères mêmes, ils se rapprochent du type blanc. Des missionnaires, qui ont vécu parmi eux, ajoutent que, dans la même famille, dans des conditions qui rendent tout croisement impossible, on rencontre des individus nègres par les cheveux et le teint, et d'autres dont les cheveux sont lisses et le teint marron. A eux seuls, ces faits autoriseraient à voir dans les Zoulous une race métisse. »

Traitons un peu ces métis en frères.

Le résultat de toutes ces observations et de toutes celles qu'a fait naître notre voyage, c'est que l'Afrique n'est pas une terre fermée ; qu'elle est appelée à un avenir qui rappellera peut-être celui de l'Amérique ; et qu'il n'est que temps de tourner sérieusement les regards vers ce continent où tout est encore à créer à peu près, mais qui paraît si plein de promesses pour ceux qui ne se laisseront pas rebuter par les souffrances et par les fatigues inévitables du début.

L'Amérique date d'hier, et voyez ce qu'elle est.

Que sera demain l'Afrique !

Notre voyage est terminé et nous allons nous quitter, amis lecteurs. Avant de nous serrer la main et de nous séparer jusqu'à un prochain voyage, voyage que nous entreprendrons bientôt, si celui que nous venons de faire ensemble ne vous a pas ennuyé, je crois qu'il serait bon de résumer en quelques mots nos impressions, afin de fixer dans notre esprit les choses que nous avons vues et qui nous ont paru intéressantes et instructives.

Voyons :

Partis en chariot de la ville du Cap de Bonne-Espérance, nous avons franchi péniblement les monts en gradins qui dominent cette cité. Nous n'avons trouvé, jusqu'au fleuve Orange qu'une contrée rocheuse et à peu près stérile. Mais nous savons que des parties de la colonie que nous n'avons pas visitées se montrent plus favorables à l'agriculture. L'importance des crûs où l'on récolte les vins du Cap nous l'ont assez démontré.

Nous avons constaté que les habitants du pays, dont les fermes sont éparses dans la campagne à une grande distance les unes des autres, sont plutôt pasteurs que cultivateurs. Aussi voit-on peu de terrains cultivés autour des habitations et de grands troupeaux dont on exploite la laine.

Nous avons appris que les paysans ou Boers étaient les descendants de paysans hollandais et de calvinistes français qui avaient fui l'Europe à l'époque des persécutions religieuses..

Nous avons appris aussi, à nos dépens, que les fermes des montagnes de la colonie du Cap de Bonne-Espérance laissaient souvent à désirer sous le rapport de l'approvisionnement.

Nous avertissons donc charitablement les voyageurs qui, encouragés par notre exemple, voudraient parcourir les contrées dont nous venons, qu'ils feront bien de se munir de tout ce dont ils peuvent avoir besoin, s'ils ne veulent pas s'exposer à manquer des choses les plus simples.

On ne saurait trop emporter de choses avec soi, à l'opposé de ce que doit faire le voyageur en Europe, car, au Cap, les chariots sont grands et solides, et l'on ne voyage pas vite.

Après avoir traversé Hope-Town et avoir constaté l'importance du commerce des plumes d'autruche, nous avons franchi l'Orange et nous sommes allés visiter les mines de diamants du Griqualand, où nous avons trouvé un pays complètement dénudé et fréquemment exposé aux caprices des éléments. Une tempête de sable nous a ôté toute idée de résider dans la contrée.

En nous rendant chez les Gricouas, établis de l'autre côté du Vaal, nous avons été envahis par une émigration de larves de sauterelles, les *voet-ganger*. Nous avons étudié la singulière société des Gricouas, métis issus d'Européens et d'Africains. Ils nous ont donné une manière aussi nouvelle qu'ingénieuse de comprendre l'aristocratie.

Les Betjouanas nous sont apparus d'abord européanisés et vêtus comme nous sur la frontière des Gricouas. Plus dans l'intérieur, nous avons été à même de nous rendre compte de leur propre civilisation.

Le désert de Kalahari nous est apparu dans toute sa sécheresse. Nous avons vu à quelles pompes singulières les habitants de la contrée, Boschimans et Betjouanas, sont forcés d'avoir recours pour se procurer de l'eau. Les Boschimans se sont montrés à nous dans leur état de misère et de dégradation.

Nous avons pu établir un parallèle entre eux et les intelligents Betjouanas.

Nous nous sommes avancés vers le nord et nous avons enfin rencontré le lac Ngami, la rivière la Zouga et le Makarikari avec ses vastes étendues de sel. Nous avons constaté la disparition de la forte société des Makololos qui devaient le jour à un chef de génie du nom de Sébitouané.

Nous avons rendu une courte visite aux Hottentots, dont nous avons vu la civilisation inférieure; puis, nous sommes revenus vers l'est, du côté de l'Océan indien.

Nous avons traversé les Etats du Transvaal et du fleuve Orange ; puis, franchissant la chaîne de montagnes qui les sépare des colonies hollandaises, du territoire de Natal et du pays des Cafres, nous sommes descendus chez ces derniers. Nous avons admiré leur beauté, leur bravoure et leur intelligence.

Un intérieur de Boers nous avait permis d'étudier de près la vie patriarcale de ces colons devenus tout à fait fils du pays qu'ils habitent ; une visite faite à un village cafre ou kraal nous a initiés à l'existence de ces beaux naturels.

Nous avons acquis la certitude qu'ils pourraient servir utilement, un jour, la marche de la civilisation européenne en Afrique.

Notre conclusion a été qu'il fallait s'en faire des alliés et des amis, et non leur faire la guerre. Qu'il fallait surtout leur vendre des pelles, des pioches, des instruments d'agriculture et non des fusils, car ils ne peuvent servir que contre nous.

Le pays des Bassoutos nous a montré ses cavernes pleines d'ossements humains, horribles traces de l'anthropophagie qui régnait autrefois dans le pays.

En gagnant Port-Natal, où nous nous sommes embarqués à destination de la ville du Cap, nous avons admiré la position de cette colonie anglaise, position qui lui assure le monopole de toutes les transactions commerciales de la partie Est de l'Afrique australe. Nous avons vu que son port commandait toutes les routes de l'intérieur.

De la ville du Cap, ce que nous n'avons pas eu besoin de dire, nous avons gagné immédiatement la France.

Et la dernière page de ce petit volume nous trouve arrivés à bon port, assis tranquillement dans notre chambre, ou sous un arbre dans le jardin de la maison de campagne où nous ne manquerions jamais d'aller passer les vacances.

Cependant, nous avons abandonné un moment ce jardin pour les solitudes de l'Afrique. Il ne nous en paraît que plus agréable maintenant que nous sommes de retour.

En somme, j'espère que nous pouvons nous dire avec plaisir que nous n'avons pas perdu complètement notre temps, ce que l'on ne doit jamais faire, même en vacances.

Ma mission de guide est terminée.

Adieu, ou plutôt au revoir, mes chers compagnons de route.

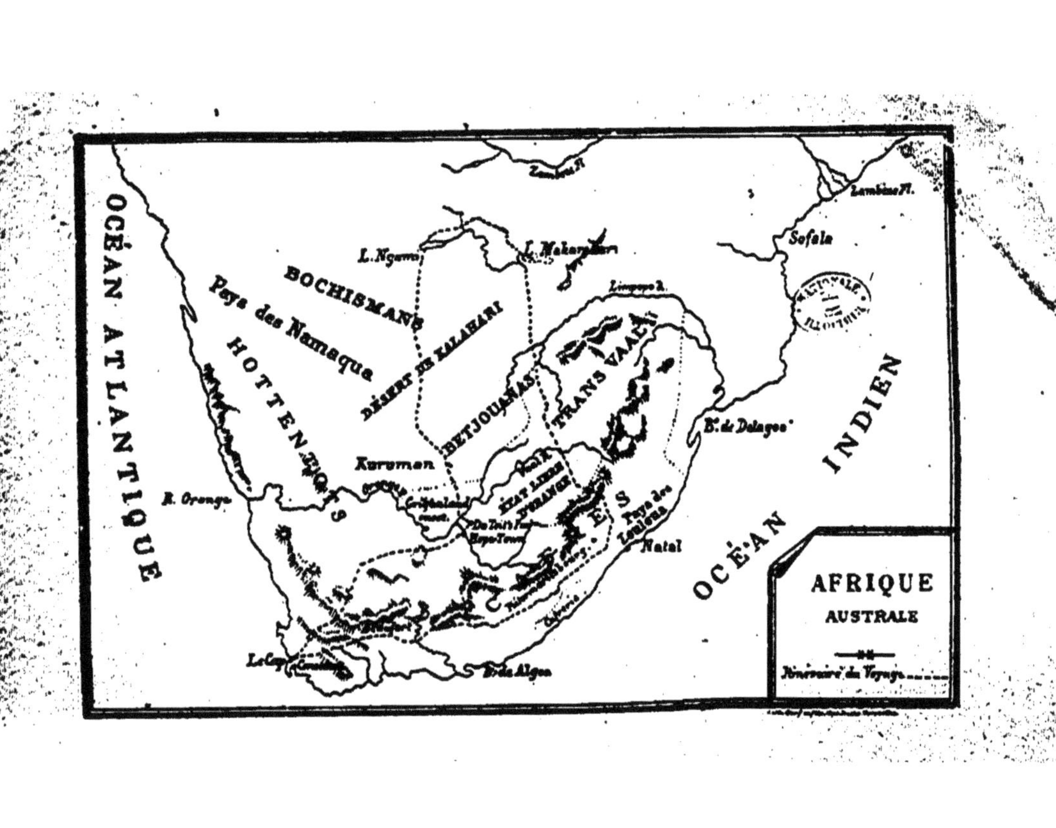
OCÉAN ATLANTIQUE
Zambèze R.
Zambèze Fl.
Sofala
L. Ngami
BOCHISMANS
Pays des Namaqua
HOTTENTOTS
DÉSERT DE KALAHARI
BETJOUANAS
TRANS VAAL
Limpopo R.
B^e. de Delagoa
Kuruman
R. Orange
Natal
OCÉAN INDIEN
AFRIQUE
AUSTRALE
Itinéraire du Voyage
Le Cap
B^e de Algoa

TABLE

VERSAILLES. — IMP. CERF ET FILS, 59, RUE DUPLESSIS.

www.ingramcontent.com/pod-product-compliance
Ingram Content Group UK Ltd.
Pitfield, Milton Keynes, MK11 3LW, UK
UKHW020956230726
13923UKWH00007B/474

9 782019 684570